Gärten der Stille

Irmtraudt Schaarschmidt-Richter
Makioka Kazuo (Illustration)

Gärten der Stille

Oasen der
Ruhe und Besinnung

Einen Garten im
japanischen Stil anlegen

AUGUSTUS

庭池島橋滝路地露地砂紋

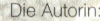

Die Autorin:
Irmtraud Schaarschmidt-Richter veröffentlichte bereits drei Bücher über den japanischen Garten,
den sie dort stets unter künstlerischen und kulturhistorischen Gesichtspunkten betrachtete. Obgleich
sie selbst Gärten japanischen Stils entwarf, ist dies das erste Buch, in dem sie ihre praktische Erfahrung
einfließen lässt.
Makioka Kazuo ist ein in Nara, Japan, ansässiger Gartenmeister, der schon zahlreiche Gärten in Japan
und Europa angelegt hat.

Die Deutsche Bibliothek – CIP-Einheitsaufnahme

Ein Titelsatz für diese Publikation ist bei der Deutschen Bibliothek erhältlich.

Augustus Verlag München 2001
© Weltbild Ratgeber Verlage GmbH & Co. KG
Alle Rechte vorbehalten
Layout und Satz: Gesetzt aus der Nimbus sans von Vera Faßbender, München
Umschlaggestaltung: Vera Faßbender, München
Umschlagfotos: VS: IFA/Montgomery, RS: IFA/Diaf
Fotos: Irmtraud Schaarschmidt-Richter
Illustration: Makioka Kazuo
Reproduktion: Repro Ludwig, A – Zell am See
Druck und Bindung: Appl, Wemding
Gedruckt auf chlorfrei gebleichtem Papier
Printed in Germany

ISBN 3-8043-7184-1

Inhalt

Vorwort

In der allgemeinen, noch recht weit verbreiteten Vorstellung vom japanischen
Garten hat sich ein gewisses Vorurteil festgesetzt, nämlich, dass es sich bei
diesem um die Miniaturisierung einer realen Landschaft handelt. Man rückt
ihn damit fälschlicherweise in die Nähe der im Ursprung chinesischen Bonsai-
Kunst.

Mögen manche japanische Gärten selbst stark in Form gezogene Bäume, Kiefer
und Ahorn aufweisen und von unseren Gartenliebhabern bewundert werden, so
sind diese Elemente doch nicht das Eigentliche der japanischen Gartenkunst.
Spätestens wenn man die ersten originalen japanischen Gärten gesehen hat, wird
man bemerken und selbst erkennen, dass die so genannten Bonsai-Bäume den
japanischen Garten nicht bestimmen. Wohl aber ist dieser die Darstellung einer
Landschaft, zur Landschaft gestaltete Natur. In der Regel ist diese Naturdarstellung
– oder besser: Landschaftsdarstellung – auf ihr Wesentliches konzentriert. Das ist
es aber auch, was die Faszination des japanischen Gartens ausmacht.

Durch die Elimination alles Überflüssigen erreicht der japanische Gartenmeister
eine Harmonie der Formen, wo jeder Stein, jeder Zweig, ja mitunter jedes Blatt
seine bildhafte Funktion erfüllt. So wie das auch bei einem guten Gemälde in Öl,
Aquarell oder anderen Techniken stets der Fall ist. Nur mit dem Unterschied, dass
hier im japanischen Garten das Motiv der Landschaft mit den Naturmaterialien,
aus der Landschaft zusammengetragen, gestaltet wird: Ein Fels ist Gebirge oder
Felsstein, Wasser ist Bach oder Teich und Kiefer ist Kiefer. Nur der Sand muss
gelegentlich als „Malmittel" fungieren, und zwar immer dann, wenn der Garten
als so genannte Trockenlandschaft gestaltet werden soll. Denn er hat das Wasser
darzustellen. So nennt man mit Recht den echten japanischen Garten ein
„Dreidimensionales Landschaftsgemälde".

Als Kunstform gibt es so etwas wie den japanischen Garten nicht noch einmal.
Auch der chinesische Garten, mit dem ja der japanische Garten historisch zusam-
menhängt – er war mit der Palastarchitektur aus China herüber gekommen – hat
sich ganz anders entwickelt.

Teichgarten,
Koraku-en, Tokyo.

Wenn man dies alles überdenkt, wird man verstehen, dass der japanische Garten, die japanische Gartenkunst, mit unserem europäischen Blumengarten so gut wie nichts zu tun hat. Warum das so ist, ist in Kürze nicht so einfach darzulegen. Möglicherweise hat es mit den unterschiedlichen klimatischen Situationen zu tun. Während in Europa lange Monate blätter- und blumenlos sind, der Himmel grau verhangen und man im Frühjahr sehnsüchtig auf die ersten Blüten, die sich aus der Erde hervorwagen, wartet, gibt es eine solch graue Zeit in Japan kaum. Eigentlich blüht jeden Monat etwas, viele Bäume sind immergrün und viele Wildpflanzen, rankende vor allem, entfalten eine Üppigkeit, die schon bedrückend sein kann. Möglich, dass man deshalb in Japan sich auf das Wesentliche konzentrieren und das allzu Üppige zurückdrängen möchte.

Japanische Gärten
– eine Einführung

Die japanische Gartenkunst wird gern mit der Zen-Philosophie in Verbindung gebracht. Gewiss hat diese buddhistische Lehre auf die ästhetische Entwicklung der japanischen Kultur einen großen Einfluss ausgeübt. Auf sie gehen, zum großen Teil jedenfalls, die strenge Klarheit und Konzentration der Formen zurück wie auch die starke Beziehung zur Natur, die von einer Unmittelbarkeit ist, wie wir sie uns kaum vorstellen können. Das ist aber gleichzeitig auch ein gesamt-ostasiatisches Phänomen, denn hier fühlt der Mensch sich nicht als Gegner und Beherrscher der Natur, sondern als ein Teil von ihr, in sie eingeordnet. Der Einfluss der Zen-Lehre auf die Gartenkunst ist mehr allgemeiner Art, dafür sind die Formen und Stile gerade auch der Gärten an Zen-Tempeln zu vielfältig, als dass man von einem Zen-Stil sprechen könnte.

Funda-in, Kyoto.

Japanische Gartenkunst

Die japanische Kultur, gleich ob bildende Kunst, Literatur, Musik oder Philosophie, ist geprägt von äußerster Vielfalt – und das gilt für die japanische Gartenkunst in gleicher Weise. In Europa aber ist man geneigt, alle kulturellen Äußerungen Japans unter einem einzigen Aspekt zu betrachten, unter dem Aspekt des Zen, jener buddhistischen Philosophie, die unter anderem auf dem Weg der Meditation zur letzten Wahrheit, der Erleuchtung *satori* zu gelangen sucht. Auf der Suche nach mystischer Tiefe, aber auch Klarheit und Strenge glauben wir, in dieser Zen-Philosophie das Wesen der japanischen Kultur zu erkennen. Gewiss hat der Zen große Teile der japanischen Kultur beeinflusst und in gewissen Zusammenhängen auch stilprägend gewirkt. Aber das ist eben nur eine Seite des Ganzen. Wenn man sich also nur darauf konzentrierte, was entginge einem da alles, vielleicht würde man dann sogar über die radikalen Gegensätze erschrecken, zum Beispiel solcher formalen Gegensätze wie farben- und formenreicher Dekoration und klarer bedeutungsvoller Abstraktion und sich kaum vorstellen können, wie diese schließlich doch miteinander in Einklang zu bringen sind. Nur die Angemessenheit hat hier Bedeutung. Ein Kunstwerk entsteht unter Berücksichtigung der Situation, in der es sich befindet, aus der Absicht des Ausdrucks und der gegebenen formalen Möglichkeiten.

Die Vielfalt der japanischen Gartenkunst

Für die Gartenkunst trifft solch Grundsätzliches natürlich ebenso zu. Ein japanischer Garten kann sehr streng sein, nur grün oder nur aus Sand und Steinen bestehen, dann wieder bunt und üppig mit blühenden Kamelien, Azaleen und Glyzinien. Das heißt still und von strenger Kargheit oder dynamisch und voll heiterer Schönheit. Mag sein, dass der europäische Betrachter die gegensätzlichen

VORHERIGE SEITE

Großes Bild:
Sangen-in im Daitokuji-Tempel, Kyoto.

Kleines Bild:
Wasserfall im Nanzenin-Tempel, Kyoto.

Stile und Ausdrucksformen, die in einem japanischen Garten möglich sind, gar nicht als solche empfindet, da seine Vorstellungen vom Garten sowieso andere sind.

Das heißt, der Garten ist für uns Europäer doch mehr oder weniger ein nach draußen erweiterter Repräsentationsraum, Spielplatz oder eine nützliche Anlage für Obst und Gemüse. Vergleicht man ihn mit einem japanischen Garten, erkennt man diesen bald als etwas durchaus anderes. Da man glaubt, dass alle japanische Kunst von der Zen-Philosophie bestimmt wird, bezeichnet man daher auch gern alle japanischen Gärten als Zen-Gärten, gleichgültig, ob sie mit der Philosophie des Zen und ihrem geistigen Anspruch in Zusammenhang stehen oder nicht.

Allerdings muss man feststellen, dass auch in Japan die Bezeichnung Zen-Garten verwendet wird. Die meisten dieser Gärten werden jedoch nur deshalb so genannt, weil sie die Gärten von Zen-Tempeln sind. Diese aber sind meist von sehr unterschiedlicher Gestalt und zeigen unterschiedlich charakterisierte Stile. Nur ganz wenige kann man als wirkliche Zen-Gärten im Sinne eines Ausdrucks der Zen-Philosophie bezeichnen. Dazu gehören in erster Linie Teile des oberen Gartens des Saiho-ji und der Steingarten des Ryoanji-Tempels, beide in Kyoto.

Zen und die Gartenkunst

Aber was ist eigentlich Zen und wie drückt es sich in der Kunst aus? Mit Helmuth von Glasenapp kann man vielleicht sagen: „Zen ist die Meisterschaft über sich selbst und die vollkommene Harmonie mit dem Weltengrund." (1) Für die Kunst formulierte der japanische Zen-Philosoph Hisamatsu Shinichi (1889 – 1980) besondere Zen-Charakteristika, also von der Zen-Philosophie beeinflusste ästhetische Vorstellungen. Dazu gehören „kostbare Einfachheit" als Erreichung des Kerns der Dinge, spontane Natur, das bedeutet nicht gekünstelt, aber gestaltet in der offenen Balance der Asymmetrie und schließlich auch die Überwindung der Welt (2). Diese Kriterien treffen deutlich auf den Steingarten des Ryoanji-Tempels zu.

Dies ist ein Garten nur aus Felssteinen auf Sand. Wohl erscheinen diese Steine wie natürlich arrangiert mit jener „offenen Balance", aber in einem ausgeklügelten

Rhythmus. Als Ausdruck der „Harmonie mit dem Weltengrund" kann dieser Garten den Betrachter zu einer kosmischen Weltsicht führen. Gewiss ist es kein Zufall, dass ein solcher Steingarten wie der des Ryoanji-Tempels nicht noch einmal angelegt wurde, um wie viel weniger lässt er sich auf europäische Verhältnisse übertragen.

Es gibt aber genügend andere Möglichkeiten, auch in hiesigen Gärten eine japanische Atmosphäre zu schaffen. So kann man von einem Versuch den Ryoanji-Garten nachzuahmen – der von vornherein zum Scheitern verurteilt ist – ruhig Abstand nehmen. Ähnliches gilt auch für den Saihoji-Garten, der sich in

Steingarten des Ryoan-ji, Kyoto.

seinem Zen-Garten auch fast nur auf
Felsengruppierungen beschränkt, die
aber zugleich ein Symbol bedeuten.
Sein Gestalter, der Priester Muso Kokushi
(1275 – 1357), Zen-Philosoph und
Gartenmeister, stellt in abstrakter Form
jenes chinesische Gebirge dar, in dem
einst der große Zen-Priester Liang Tsuo-
shu aus der Tang-Zeit (618 – 907), lebte,
den Muso Kokushi als seinen Lehrer
betrachtete. Gleichzeitig wollte Muso
Kokushi mit dieser Steingruppierung die
Schwierigkeiten des Zen-Weges aus-
drücken. Diese großartige Komposition
ist trotz einiger Versuche ebenfalls kein
zweites Mal geglückt. In diesem Buch soll
aber gezeigt werden, wie man auch in
unseren Breiten durchaus Gärten japanischen Stils anlegen kann. Man sollte es
also dabei belassen, Gärten von so hochkünstlerischer Form und philosophischen
Gehaltes nur zu bewundern.

Steinkomposition
Ko'inzan im Saiho-ji
oder Koke-dera
(Moostempel).

Das braucht aber niemanden, der den japanischen Stil liebt, daran zu hindern,
ihn auf seinen Garten zu übertragen, wenn er dabei nur nicht vergisst, dass ein
japanischer Garten stets die Darstellung einer Landschaft ist. Dieses Prinzip gilt
schon seit Jahrhunderten und auch noch heute. So erscheint der japanische
Garten nicht als eine Ansammlung von Pflanzen, sondern als ein „dreidimensionales Landschaftsgemälde", in dem vor allem die Felssteine eine wesentliche Rolle
spielen. Man könnte den Garten auch als „Landschaftsskulptur" bezeichnen.
Oft ist er sogar, und das wiederum seit alter Zeit, die Umsetzung eines landschaftlichen Erlebnisses, des Eindrucks einer realen Landschaft. Im Garten wird
sie dargestellt mit ihren eigenen Mitteln, das heißt mit den Materialien, die auch
die Landschaft formen: mit Wasser als Teich oder Bach, mit Steinen als Berge und
Felsklippen, mit Sand oder Kies als Grundfläche oder Weg oder, um Wasser zu
ersetzen, als Teich oder Wasserlauf. Dazu kommen einige wenige Pflanzen, die

jedoch, vor allem wenn es sich um geschnittenes Buschwerk handelt, nicht um ihrer selbst willen gesetzt werden, sondern um Landschaftsformen darzustellen oder Felsen zu ergänzen.

Auch wenn es sich nicht um eine philosophische Auseinandersetzung handelt, kann man doch an den Grundprinzipien der Gestaltung einen allgemeinen Einfluss der Zen-Ästhetik beobachten. Diese drückt sich vor allem darin aus, dass man versucht, vom Unwesentlichen zu abstrahieren, um das wahre Wesen der Natur zur Darstellung zu bringen.

Die heimatliche Landschaft als Motiv

Es ist durchaus vorstellbar, eine Landschaft des eigenen Lebensraumes als japanischen Garten zu gestalten, wenn man sich nur an die landschaftlichen Grundprinzipien und die vorgesehenen Materialien hält. Man kann also auch eine Landschaft nach Motiven des Odenwaldes, des Bayerischen Waldes oder auch des Harzes anlegen.

Das wirkt dann keineswegs merkwürdig. Was einen japanischen Garten zu einem solchen macht – noch einmal sei es betont –, sind nicht irgendwelche exotischen Formen. Es ist lediglich die Tatsache, dass er einer Landschaft nachempfunden ist – und dies mit ihren eigenen natürlichen Mitteln. Über eines sollte man sich aber von vornherein im Klaren sein: Ziel ist nicht die Herstellung einer Miniaturlandschaft und man sollte auch keine „Sandkastenspiele" veranstalten. Um dies zu vermeiden, haben die Japaner besondere ästhetische „Tricks" entwickelt. In einer Miniatur, auch eines Gartens, stehen die einzelnen, verkleinerten Elemente in ihren natürlichen Proportionen zueinander, das wirkt dann ziemlich puppenhaft. Die Japaner aber können die Proportionen verändern, indem sie zum Beispiel einen Brückenstein einsetzen, der im Verhältnis zu den Gebirge darstellenden Felsen zu groß erscheinen würde. Die Wirkung aber ist erstaunlich und die Gefahr der Miniaturisierung wurde vermieden. Das zu realisieren ist aber nicht leicht. Doch werden auch in manchen japanischen Gärten kleine Brückensteine verwendet, die dem Garten in der Tat dann etwas Miniaturhaftes verleihen und seine Qualität mindern.

Erwachen der eigenen Kreativität

Teichgarten
Koraku-en, Tokyo.

Einen Garten im japanischen Stil anzulegen ist also eine außerordentlich spannende Sache. Ganz unwillkürlich wächst man dabei in ein künstlerisches Gestalten hinein und man wird über sich selbst erstaunt sein, welch kreative Möglichkeiten in einem selbst stecken. Aber bevor man damit beginnt, sollte man sich zunächst einmal mit den Gärten Japans, so wie sie überliefert sind, beschäftigen, um zu erkennen, worauf es ankommt. Ein gründliches Umdenken und eine Revision unserer Gartenvorstellung ist dazu schon erforderlich.

Nicht einfacher wird die Sache durch die Vielfalt der Ausdrucksformen innerhalb der Grundtypen. Hat man aber erst einmal das Gerüst dieser Grundtypen verstanden, wird man auch leichter erkennen, worauf es – jenseits aller Exotismen – ankommt, um einen Garten im japanischen Sinne entstehen zu lassen. Vor simpler Nachahmung aber sollte man sich hüten.

Die klassischen
Gartenformen Japans

Der japanische Garten ist, zum Beispiel im Gegensatz zu unseren Barockgär-ten, mehr als die Dekoration eines Bauwerkes. Auch wenn er in den meisten Fällen einem Gebäude zugeordnet ist, so betrachtet man ihn doch als ein unabhängiges Kunstwerk.

Für die Entwicklung der Gartentypen war die jeweils herrschende gesellschaftliche wie geistige Situation bestimmend. In der hoch verfeinerten, literarisch bedeutsamen Zeit des Höfischen war der Garten ein Ort der eleganten Vergnügungen. Die vom Buddhismus und der Ritterethik bestimmte Suche nach dem Wesent-lichen brachte die formale Abstraktion der Betrachtungsgärten und mit der Entwicklung der Teekunst begann das Bestreben, sich mit dem Garten vom Äußeren abzuschließen.

Vorherige Seite

Großes Bild:
Trockenlandschafts-
garten: Manshu-in,
Kyoto.

Kleines Bild:
Teegarten, Privat,
Nara.

Die drei Grundtypen

In der japanischen Gartenkunst lassen sich drei Grundtypen unterscheiden: der Teichgarten, der Betrachtungsgarten und der Teegarten.

Der Teichgarten *chitei*: Er ist in zwei Versionen und in zwei verschiedenen historischen Perioden entstanden. Einmal zur höfischen Zeit (5. bzw. 8. Jahrhundert) und bis etwa ins 12./13. Jahrhundert als Palastgarten, aus dem sich dann auch der Paradiesgarten der Jodo-Tempel entwickelte. Die zweite Fassung bezeichnet man als Fürstengarten. Er wurde erstmals im frühen 17. Jahrhundert als großer Teichgarten der Daimyo-Fürsten angelegt. Da man in ihm auf zahlreichen Wegen, auch um den Teich, spazieren gehen kann, nannte man diesen Stil „Umwandelstil".

Der Betrachtungsgarten wird in der Regel nur von der Veranda aus betrachtet und selten betreten. Einige dieser Betrachtungsgärten haben auch Teiche, aber in der Hauptsache handelt es sich um so genannte Trockenlandschaftsgärten *karesansui* wo Sand und Kies das Wasser darstellen, Steine als Gebirge gruppiert sind und Pflanzen nur eine ergänzende Rolle spielen.

Der Teegarten *roji* stellt eine reale „Wildnis" dar. Er ist als Annäherungszone auf den Teepavillon, in dem die Teekunst-Gesellschaft abgehalten wird, gestaltet. Er ist damit ein enviroment für eine Kunst.

Zum Schluss seien noch moderne Gärten als Sonderform erwähnt. Sie können sowohl als „Öffentliches Grün" in der Großstadt angelegt sein oder auch als privates Refugium dienen. Sie bedienen sich oft der klassischen Formen und Mittel, kombinieren diese aber neu.

Teichgärten

Für Teichgärten, in der Regel Palastgärten, gibt es schon relativ frühe Belege, jedoch meist nur schriftliche Zeugnisse wie in den ersten 720 kompilierten

Annalen des japanischen Reiches mit Berichten aus dem 5. Jahrhundert oder in der Literatur des 11. Jahrhunderts. Bildliche Darstellungen sind erst aus etwas späterer Zeit erhalten, die aber einen recht guten Eindruck vermitteln können. Allerdings muss man hinzufügen, dass nach und nach Details alter Gartenanlagen entdeckt werden, zuletzt 1999, als in Asuka eine ganze Teichanlage aus dem 7. Jahrhundert ausgegraben wurde, die die überlieferten Berichte bestätigte.

Die Palastgärten wurden in der Regel vor dem Hauptgebäude des Palastes, der *shinden*, angelegt. Dieser war in der Frühzeit nach chinesischem Vorbild streng

**Grundriss einer Palast-
anlange im Stil des
shinden-zukuri.**

Dreiersteingruppe im Ryogen-in des Daitokuji-Tempels, Kyoto, interpretiert als Insel der Unsterblichen, Trockenlandschaftsgarten.

symmetrisch errichtet worden. Später, im Zuge des schwindenden Einflusses Chinas, mit der so genannten Japanisierung der japanischen Kultur, lockerte sich diese strenge Symmetrie, weitere Bauten wurden den Haupthallen im Zickzackgrundriss asymmetrisch angefügt. Aber das Prinzip der Gartenanlage blieb weitgehend das gleiche: Vom Hauptgebäude der *shinden*-Halle führte eine breite Treppe auf eine weite Sandzone hinab, die man zu Zeremonien, Empfängen und Spielen nutzte. Sie ging unmittelbar in die Gartenzone über. Hauptelement bildete ein Teich, dessen Ufer landschaftlich natürlich gestaltet und mit kleinen Hügeln umgeben wurden. Im Teich befand sich stets mindestens eine Insel, die durch zwei Brücken, einer geraden und einer gebogenen, mit den Ufern verbunden war. Waren es zwei Inseln, wurden sie untereinander mit Brücken verbunden.

Die Inseln des Daoismus

Inseln sind für den japanischen Garten von besonderer Bedeutung und großer Wichtigkeit. In früherer Zeit waren sie sogar ein Synonym für Garten. Sie sind eng mit dem Daoismus verbunden, der vor allem im 8. Jahrhundert in Japan einflussreich war. Im Daoismus, einer Lehre des Naturphilosophen Laotse, eines quietistischen Mystikers, glaubte man an die Inseln der Unsterblichen und man sehnte sich danach, für immer dort wohnen zu können. Aber wo waren diese Inseln zu finden? Ein chinesischer Kaiser schickte Kundschafter aus, sie zu suchen, doch vergeblich. Auch das für die Unsterblichkeit nötige Elixier konnte man nicht entdecken. Der Kaiser befahl, in einem großen Teich Inseln anzulegen, um die Unsterblichen anzulocken und so teilhaben zu können am ewigen Leben. Noch aus der Zeit vor der Zeitenwende existieren Berichte wie diese Geisterberge oder -inseln ausgesehen haben mögen. Reich an Gold und Edelsteinen, Korallen und Perlen, dichten Wäldern, Blumen und Früchte dufteten und alle Tiere und Vögel leuchteten in glänzendem Weiß.

Man stellte sich fünf Inseln vor. Doch versanken der Legende nach zwei der Inseln sehr bald im Meer. In Japan hatte man natürlich Kenntnis von diesen sagenhaften Inseln, doch wurden dort die Namen der drei übrig gebliebenen Inseln in der Nara-Zeit (8. Jahrhundert) zunächst nur als Metaphern zur Beschreibung einer schönen Landschaft benutzt. Erst in der Heian-Zeit stellte man vor allem eine Insel oder einen Berg als Horai-Insel der Unsterblichen dar oder belegte zumindest eine Steinsetzung mit diesem Namen. Zu dieser Vorstellungswelt von der Insel der Unsterblichen und ihrer Gestaltung gehören Schildkröten- und Kranichinseln. Beide, Schildkröte und Kranich, symbolisieren langes Leben. Eine den Gestalten dieser Tiere sich annähernde „Darstellung" tritt jedoch erst sehr spät auf, als man die Steinsetzungen entsprechend ausrichtete. So entstanden oft als ein einander gegenüberstehendes Paar eine Insel mit vertikal betonter Steinsetzung, die Kranichinsel, und eine mit breit hingelagerter Horizontalen, die Schildkröteninsel. Möglicherweise kann man diese Bezeichnungen jedenfalls anfangs, als rein formale Hinweise betrachten. In der Zeit der höfischen Teichgärten hatte die landschaftliche Gestaltung Vorrang.

Inseln und bunte Blumen

Aus dieser frühen Zeit ist kaum etwas erhalten. Einen Eindruck einer solchen Insel kann man noch im Garten des Nanzenin-Tempels in Kyoto gewinnen, angelegt als kaiserlicher Ruhesitz zwischen 1264 und 1287. Heute fehlt das höfische Ambiente, die obligate Sandzone ist in der jetzigen Tempelanlage sehr reduziert. Im vor wenigen Jahren restaurierten Garten des Enjoji-Tempels ist dies deutlicher zu erkennen, obgleich dieser Tempel nie ein Palast gewesen ist, aber von einem Angehörigen des Hochadels gegründet worden war. Zum Palastbau gehörten als ein fast heiteres Element die von der Haupthalle ausgehenden Galerien, die die Sandzone einrahmten und in Pavillons endeten.

Außerdem müssen wir uns den höfischen Garten relativ bunt vorstellen. Die Brücken waren rot lackiert und auf den Hügeln hatte man blühende Sträucher verteilt. Von der Nordseite her schlängelte sich unter den Gebäuden hindurch ein

**Insel im Gartenteich
des Enjo-ji, Nara.**

kleiner Bach, die Wasserzufuhr für den
Teich. Die Hügel, manchmal auch die
Ufer, waren mit natürlich wirkenden
Steingruppen besetzt. Das Ganze glich
einer natürlichen Landschaft, zumal man
zunächst die vorhandene Topographie
nutzte, bevor man eine künstliche
Bodenmodulation vornahm. Diese
höfischen Palastgärten, die dem Kaiser
wie auch dem Hofadel gehörten und
sogar oft von ihnen selbst entworfen
wurden – es galt in jener Zeit als

**Lotosblüte auf dem
Teich des Hokongo-in,
Kyoto.**

Kavalierskunst –, waren häufig Schauplatz von rituellen wie auch spontan entstandenen Festen, wie sie in der Literatur aus der Zeit um 1000 ausführlich
beschrieben werden (3). Man ließ sich auf dem Teich in geschmückten Booten
und in Begleitung von Hofmusikern umherrudern und verfertigte am Ufer oder
auf den Inseln lagernd, in regem Wettstreit gemeinsam Gedichte.

Paradiesgärten

Wie bereits gesagt, von diesen reinen Palastgärten hat keine vollständige Anlage
die Zeiten überdauert. Dafür sind so genannte Paradiesgärten auf uns gekommen.
Da sie oft als umgewandelte Palastgärten auf ehemaligen Gartenanlagen aufbauen, können wir uns durch sie eine Vorstellung von den höfischen Gärten
machen. Denn zu jener Zeit, etwa um das Jahr 1000, hatte sich vor allem unter
dem hochgebildeten Hofadel eine Endzeitstimmung ausgebreitet, die sie alles,
auch ihre verfeinerte Kultur, in Frage stellen ließ. Das Ende des „Buddhistischen
Gesetzes", des Weltzeitalters, schien nahe. So gedachte man sich bereits in
dieser Welt auf das Leben in der „anderen Welt" vorzubereiten, indem man
schon im Hier und Jetzt einen Paradiesgarten anlegte.

Auch der Paradiesgarten ist ein Teichgarten. Der Lotosteich mit einer Buddhahalle
auf einer Insel, *Mandala*-gleich (4), entsprach der damaligen Vorstellung vom

Phönixhalle Hoodo des Byodo-in auf großer Insel, Uji.

Paradies. Diese Vorstellungen standen mit der sich neu entwickelnden Jodo-Schule des Buddhismus in Zusammenhang, der Lehre vom Paradies des Amida als dem Reinen Land des Westens. Der große Lehrer dieser buddhistischen Schule war der Priester Genshin (942 – 1017). In seinen Visionen beschrieb er einen solchen paradiesischen Teichgarten: „ ... betet ernsthaft um die Erlösung durch Amida, so werden die Lotosblüten im paradiesischen Teich der Gnade euch erscheinen auf denen ihr wieder geboren werdet ... und über dem ganzen Teich der Gnade blühen Blumen verschiedener Juwelen ...“ (5).

Die Phönix-Halle des Byodo-in

Als schönstes Beispiel für einen Paradiesgarten, der aus der Umwandlung eines Palastgartens entstanden ist, gilt die Phönixhalle Hoo-do des Byodo`in-Tempels in Kyoto. Diese Buddhahalle ist auf einer großen Insel in einem Teich errichtet und im Hauptbau wurde – ihr Antlitz dem Teich zugewandt – eine der schönsten Amida-Buddha-Statuen aufgestellt. Rechts und links schwenken offene galerieartige

Seitenflügel rechtwinklig ein und umfassen wie bei den Palastbauten eine freie Sandfläche. Nur haben sie keine Pavillons und sind relativ mächtig. Doch wurden ein paar Landschaftssteine auf der Sandfläche arrangiert, dazu etwas Buschwerk – was aber wohl eine modernere Zutat ist – und eine Steinlaterne, wie sie einst vor der Halle einem buddhistischen Umwandlungsritus dienten.

Im Verhältnis zu den in Texten überlieferten Beschreibungen der Palastgärten wirkt der Byodo`in Garten relativ schlicht. Aber die letzten Ausgrabungen und Gartenrestaurierungen zeigten, dass die Ufergestaltung zwar schwungvoller, aber gleichzeitig mit einem flachen Steinufer befestigt war und dadurch strenger in seiner Wirkung gewesen sein muss. Außerdem hatte man aus den Tiefen des

Phönixhalle Hoodo des Byodo-in, Seitentrakt, Uji.

Teiches eine kleine Insel als „Brückenstützpunkt" heraufgeholt. Doch noch immer geht die eindrucksvolle Wirkung vom Zusammenklang von Bauwerk und Teichanlage aus.

Der Paradiesgarten des Joruri-ji-Tempels

Es gab aber auch – und es gibt sie noch – Paradiesgärten, die von vornherein als solche angelegt wurden. Dazu gehört der Garten des Joruri-ji-Tempels, errichtet im 11. Jahrhundert. Seine Halle steht nicht auf einer Insel im Teich, sondern diesem gegenüber. Im Vergleich zum Byodo-in handelt es sich um einen sehr strengen Bau, der bereits die neue Zeit ankündigt. Es ist eine lang gestreckte

Joruri-ji Blick zur Haupthalle, Kyoto.

Joruri-ji, Steinlaterne
und Teich mit
Felseninsel, Kyoto.

Halle, in der neun Amida-Buddha-Skulpturen eingeschreint sind. Vor der Halle
erstreckt sich auch hier eine weiße Sandzone mit einer Steinlaterne. Nicht
weit vom Ufer liegt eine ungewöhnlich lang gestreckte Insel mit Steinufer und
verschiedenen Steinsetzungen an ihren Enden. Sie stammt original aus der
Entstehungszeit des Gartens, denn der bedeutende Gartenarchäologe Mori
Osamu stieß bei der Restaurierung des Gartens, die er nach alten Plänen
vornahm, auf diese abgesunkene Steinsetzung.

Manchmal lässt ein solcher Paradiesgarten noch deutlich die höfische Atmosphäre spüren, in der der Garten angelegt wurde – und das obgleich sein Gartenmeister ein buddhistischer Priester war. Das trifft sehr deutlich für den Hokongo-in Garten in Kyoto zu. Ursprünglich, im 9. Jahrhundert, war dies der Landsitz eines Kanzlers. Doch im 12. Jahrhundert ließ sich dort eine Kaisergemahlin einen Palast anlegen, den sie aber mit zahlreichen buddhistischen Bauten ausstatten ließ. Den Mittelpunkt bildet der Lotosteich, mit wie natürlich angelegten Ufern. Auch der Wasser zuführende Bach zeigt den typischen Heian-zeitlichen „natürlichen" Stil. Es ist klar, dass auch dieser Garten nicht vollständig aus dem 12. Jahrhundert erhalten ist. Aber er wurde von Mori Osamu nach alten Plänen, die man im Ninnaji-Tempel fand, restauriert. Das ist deshalb bedeutungsvoll, da vor allem im 12. Jahrhundert die eigentlichen Gartenmeister die

Hokongo-in, Lotosteich, Kyoto.

Priester des Ninnaji-Tempels in Kyoto waren. Dieser aber ist kein Zen-Tempel, sondern gehört zum Shingon-Buddhismus (6), einer esoterischen Richtung.

Hokongo-in, Bachlauf mit Brücke, Kyoto.

Der Zen-Priester und Gartenmeister Muso Kokushi

Im Bereich des Teichgartens entwickelte sich im 14. Jahrhundert eine Art Übergangsform. Diese lässt bereits eine gewisse Strenge der langsam an Bedeutung gewinnenden Lehre des Zen wie auch der ritterlichen Ethik erkennen. Aber auch das Höfische schlägt noch durch. Der Garten des Tenryuji-Tempels ist ein gutes Beispiel dafür, zumal die ursprüngliche Anlage einst Ruhesitz verschiedener Kaiser war.

Tenryu-ji, mit Felssteinen besetzte Landzunge.

Nun sollte dieser Palast auf Anraten Muso Kokushis – des Gestalters des Saihoji-Gartens – (7) zum Seelenheil des 1339 verstorbenen Kameyama-tenno im gleichen Jahr in einen Tempel umgewandelt werden. Zwischen Tempelbauten und Teich liegt eine relativ breite Sandzone, die an die Empfangszeremonien vor den Adelspalästen denken lässt. Sie geht in eine ausdrucksvolle Landzunge über, die dem Teich eine gewisse Gliederung gibt. Unmittelbar hinter dem gegenüber-liegenden Ufer steigt ein dicht bewachsener Hang auf und weiter dahinter die Arashiyama-Berge. Sie bilden eine malerische Kulisse und für die an diesem gegenüberliegenden Ufer errichteten Steinkompositionen „Wilde Felsenküste", eine der bedeutendsten der japanischen Gartenkunst, den richtigen Hintergrund.

Der Wasserfall, der wohl einst dort hinter der Steinbrücke herabstürzte, ist heute ein so genannter „Trockenwasserfall". Es ist anzumerken, dass der Wasserfall ab dem 12./13. Jahrhundert eine Rolle zu spielen begann und zu einem wichtigen Element des japanischen Gartenkonzeptes werden sollte – gleich ob ganz real mit Wasser oder als Trockenwasserfall – auf zwei verschiedene Weisen also. Wenn man den Saihoji-Garten und den Teich des Tenryuji miteinander vergleicht, wird die Philosophie Muso Kokushis, die sich ganz auf der Liebe zur Landschaft gründet, deutlich spürbar.

Tenryu-ji, Komposition einer Felsenküste, auch Felseninsel, Kyoto.

Die Ashikaga-Gärten

Zen-Philosophie ist aber nicht allein mit Strenge und Kargheit verbunden. Denn zwei der prächtigsten Teichgärten aus historischer Zeit könnte man ebenfalls als Zen-Gärten bezeichnen. Gemeint ist der Garten des Rokuon-ji-Tempels, zu dem der goldene Pavillon gehört. Sein populärer Name ist deshalb auch Kinkaku-ji, „Tempel des Goldenen Pavillons". Der andere ist der Jishoji-Tempel, populär Ginkaku-ji „Tempel des Silberpavillons". Beide sind großartige Zeugen der Ashikaga-Kultur, getragen vor allem von den Ashikaga-Shogunen des 14. und 15. Jahrhunderts.

Rokuon-ji oder Kinkaku-ji, Tempel des Goldpavillons, Kyoto.

Der Rokuon-ji

Der Rokuon-ji wurde als Ruhesitz
des Ashikaga-Shogun Yoshimitsu
(1358 – 1408) (8) angelegt. Er hatte
sich früh von seinen Amtsgeschäften
zurückgezogen um sich der Kunst und
Wissenschaft zu verschreiben. Der
Pavillon, ein mehrstöckiges Gebäude,
ganz und gar mit Blattgold bedeckt,
wurde dicht am Ufer eines großen
Teiches errichtet, wo er sich im Wasser
spiegelt. Er ist wohl das letzte Gebäude
aus der Gründungszeit des Gartens. Es
wurde 1394 begonnen und 1406 voll-
endet. Hier fehlt jetzt die Sandzone, da

keine Beziehung zu einem Palasthauptbau besteht. Doch könnte man den Teich
auf einem breiten Sandweg fast umrunden. Hinter dem Pavillon fällt ein nur
schmaler Strahl als Wasserfall über aufgetürmte Felsen in ein kleines Tosbecken,
wo sich ihm ein einzelner Stein entgegenstellt den Strahl zu versprühen. Dieser
Stein soll an einen aufsteigenden kraftvollen Karpfen erinnern. Diese Form des
Wasserfalls, die zur Ashikaga-Zeit wohl sehr beliebt war, lässt sich mit unseren
modernen Pumpen nur sehr schwer nachgestalten.

Der Garten des Rokuon-ji ist ein Beispiel für die Vielfalt der stilistischen
Gestaltungsmöglichkeiten innerhalb einer grundsätzlichen Anschauung, denn
auch Ashikaga Yoshimitsu war ein Anhänger der Zen-Lehre und hatte sich in
Verehrung Muso Kokushis gerade diesen Pavillon vor allem zur Zen-Meditation
errichten lassen. So vermutet man, Yoshimitsu habe damit einen der Pavillons
aus dem Saiho-ji nachbauen wollen. Hier finden sich keine großen, den Teich
beherrschende Inseln mehr, sondern viele, mehr oder weniger kleine. Sie bestehen oft nur aus ein, zwei Felsen mit einer Kiefer darauf. Diese sind aber so
raffiniert gesetzt, dass sie eine perspektivische Erweiterung des Teiches bewirken.
Deutlicher kann man das Kunstvolle einer solchen Anlage kaum betonen.

**Rokuon-ji, Steinset-
zungen im Teich, Kyoto.**

**Jisho-ji oder
Ginkaku-ji, Tempel
des Silberpavillons,
Kyoto.**

Der Jisho-ji

Von einem ähnlichen Stil geprägt erscheint der Jisho-ji-Tempel oder Ginkaku-ji, der Tempel des Silberpavillons. Er war ursprünglich als Ruhesitz des Ashikaga Yoshimasa (1463 – 1490), ein Enkel des Yoshimitsu, geplant. Der Bau wurde bereits 1482 begonnen, denn auch Yoshimasa war mehr an den Künsten (9, 8) denn an Politik interessiert, und wie sein Großvater ein Verehrer des Muso Kokushi. So lag es nahe, dass Yoshimasa seinem Großvater nacheiferte und ebenfalls versuchte, seinen Ruhesitz dem Saiho-ji nachzugestalten. Doch wirkt dieser viel strenger und der Ginkaku, der Silberpavillon war wohl niemals mit Blattsilber bedeckt. Seine Schönheit liegt vielmehr in den ausgewogenen Proportionen und in dem warmen Braun des Holzes. Er ist nicht so dicht an das Wasser gebaut wie der Goldpavillon, doch immer noch so nah am Teichufer, dass er sich im Wasser spiegelt. Der Teich ist noch reicher mit Steinen besetzt als der Teich des Kinkaku und die alten Bäume stehen dicht am Ufer. Dem Pavillon gegenüber befindet sich ein fadendünner Wasserfall, der ziemlich genau dem Wasserfall des Kinkaku-ji entspricht.

Als interessantestes Element dieses Gartens erscheint eine große, fast schon skulpturale Sandaufschüttung. Sie liegt am Teichufer dem Pavillon gegenüber. Von kurviger Kontur, ist der vordere Teil etwa einen Meter hoch. Die Oberfläche ist kunstvoll, aber streng parallel geharkt. Dahinter erhebt sich ein stumpfer Kegel. Der „Silbersandsee" und die „Plattform gegenüber dem Mond" sollen der Betrachtung des Mondes gedient haben, wenn sich sein Licht im Glitzern des Sandes brach – einer jener subtilen Genüsse der japanischen Kultur. Wir können es durchaus als eine frühe Form der modernen, in Amerika entstandenen „land-art" bezeichnen. Allerdings weiß man wohl bis heute nicht, wie und wann sie entstanden ist, doch wahrscheinlich nicht viel vor dem 18. Jahrhundert.

Der Teichgarten des Feldherrn Hideyoshi

Obgleich die Teichgärten stilistischen Änderungen unterworfen waren, änderten
sie sich trotz großer Umbrüche in der Geschichte des Landes in ihrer Grund-
struktur kaum. Teich und Insel blieben die Hauptelemente, Ausdruck von Eleganz
mit großzügiger Linienführung über religiöse mystische Bedeutung bis zu einer
ins Prächtige übersetzten Rückwendung zum Höfischen. Dem schloss sich eine
Wendung zum Üppigen, dann auch zum Monumentalen an. Doch zuvor war das
Land durch die Kriege der Daimyo-Fürsten und Erbstreitigkeiten verwüstet worden.
Erst gegen Ende des 16. Jahrhunderts wurde die Einigung des Reiches eingelei-
tet, vor allem durch Toyotomi Hideyoshi (1536–1598), ein Feldherr aus niederem
Samurai-Stand, der zum Großkanzler aufstieg. Vielleicht war es seine Herkunft,

**Jisho-ji, abstrakte
Sandaufschüttung
„Silbersand-See"
und Mondbetrach-
tungsplattform, Kyoto.**

Sambo-in, Teich und Sandzone, Kyoto.

die ihn zwang so machtvoll zu repräsentieren, wie es die erhaltenen Teile seiner Schlossbauten vermuten (9) lassen. Dabei war er gleichzeitig ein Liebhaber subtiler Künste, vor allem der Tee- und Gartenkunst. Er beschäftigte sich sogar selbst mit dem Entwerfen von Gärten. So soll auch ein Teichgarten auf seine Mitwirkung zurückgehen, der Garten des Sambo-in, der zum Daigoji-Tempel gehört. Durch eine Sandzone zwischen den Bauten und dem Teich kommt eine gewisse Erinnerung an die höfische Zeit auf, aber alles ist etwas üppiger und expressiver.

Im hinteren Teil des Teiches, fast versteckt unter Buschwerk, fällt ein Wasserfall in drei Stufen in den Teich. Die Inseln sind mit kräftigen, rundgezogenen Kiefern ausgestattet und die Ufer reichlich mit Steinen besetzt. Hideyoshi hat bis zu seinem Tod an dem Entwurf dieses Gartens mitgearbeitet, da es dann noch sehr lange dauerte, bis er fertig war, kann man nicht genau sagen, was noch auf Hideyoshis Ideen zurückgeht.

Nijojo-Schloß, Steinbesetztes Teichufer und Brücke zur Insel, Kyoto.

Nach seinem Tod flammten die Kämpfe noch einmal auf, bis schließlich Tokugawa Ieyasu das Tokugawa-Shogunat begründete. Seinen Regierungssitz errichtete Ieyasu in seiner Lehensburg, jetzt Kaiserpalast, in Edo ein, dem heutigen Tokyo. Der Kaiser residierte weiter in Kyoto, das seit 792 Hauptstadt war. Aus diesem Grund sah sich Ieyasu genötigt, in Kyoto ebenfalls eine Residenz zu unterhalten, umgeben von einem großen Garten – natürlich einem Teichgarten mit Insel. Schon 1603 hatte er damit begonnen, das Nijojo-Schloss zu errichten. Selbstverständlich, dass der neue „Herrscher" – denn das war er ja, da der Kaiser kaum noch Einfluss hatte – auch durch einen Garten seine Macht zu demonstrieren suchte. Das kann man an der großen Insel mit altem Baumbestand und an den mächtigen Felssteinen, die das Ufer säumen deutlich erkennen. Allerdings muss bedacht

werden, dass auch an diesem Garten immer wieder Veränderungen vorgenommen wurden (10), zum Beispiel dort, wo der Wasserfall in den Teich fällt.

Den sehr auf Außenwirkung bedachten prächtigen Gärten des 16. wie des
17. Jahrhunderts stehen andere, sehr viel zurückhaltendere gegenüber. Da in
Ostasien die Stilentwicklung nur zu einem geringen Teil in die Entwicklung der
Perioden eingebunden ist, können zur gleichen Zeit die verschiedensten Ausdrucksformen entwickelt werden. Wesentlich ist vielmehr der Zusammenhang
und die Situation, in der sie stehen, dem in Gestaltung und Stil Rechnung getragen
wird. So können in der gleichen Periode neben üppigen, fast barocken und auf
Außenwirkung bedachten Bauten, Kunstwerke und Gärten neben sehr strengen,
klar gegliederten, fast abstrakten Anlagen entstehen, die Adligen oder Gelehrten
zum Landaufenthalt in Zurückgezogenheit dienten.

Die Katsura-Villa, ein kaiserliches Refugium

Besonders sei hier auf die berühmte Katsura-Villa hingewiesen, die die deutschen
Architekten Bruno Taut und Walter Gropius so begeisterten, dass sie in ihr ein
Vorbild der modernen Architektur erkannten. Der Landsitz und sein Garten
wurden nicht sehr viel später begonnen als das Nijojo-Schloss, und doch zeigt
er einen ganz anderen Stil als dieses. Auch bei der Katsura-Villa haben die
Besitzer des Grundstücks, nun kaiserliche Prinzen, am Entwurf mitgearbeitet.
Zu dem Wunsch nach Zurückgezogenheit – die Villa befindet sich am Katsura-
Fluss am äußersten Westrand von Kyoto – gesellte sich eine Vorliebe für die
Teekunst (siehe Seite 50 ff.), die kleinere Gärten um einen Pavillon herum
erforderte, natürlich ohne Teich. Trotzdem ist der Garten der Katsura-Villa ein
Teichgarten, denn man gruppierte verschiedene Tee- und Pavillon-Gärten um
einen vielfältig gestalteten Teich.

Dieser Teich der Katsura-Villa ist mit seinen zahlreichen Buchten, großen und
kleinen Inseln wohl einer der kompliziertesten Teiche der japanischen Gartenkunst. Doch gerade durch dieses Kunstvolle wirkt er wie eine natürliche Landschaft, was außerordentlich schwer nachzugestalten ist und die Einmaligkeit
dieser Anlage ausmacht. Eine relativ große Insel verdeckt einige Uferzonen, so

dass sich wechselnde Perspektiven ergeben und man manchmal das Gefühl hat, mehrere Teiche vor sich zu haben.

Die Pavillonbauten wurden um diesen Teich gruppiert, ihre Gärten sind ganz auf sie bezogen, bilden eigene Kompartimente, und doch sind sie alle in das Ganze integriert. Im Garten der Katsura-Villa findet man auch das bedeutendste Beispiel der abstrahierten Darstellung einer realen Landschaft, jener berühmten Halbinsel Ama-no-hashidate an der Miyazu-Bucht nördlich von Kyoto – eine elegant gebogene, kiefernbestandene Landzunge. An diesem Landschaftsmotiv kann man deutlich erkennen, dass man kaum jemals an die Miniaturdarstellung der realen Landschaft dachte, sondern stets durch eine reduzierende Darstellung des realen

Katsura-Villa, Kaiserlicher Sommerpalast, Steinkomposition mit Steinlaterne, Kyoto.

**Katsura-Villa, Darstellung
der Ama-no-hashidate-
Landzunge, Kyoto.**

Motivs eine kunstvolle Abstrahierung erreichte. In der Katsura-Villa schließen sich
an die leicht gekrümmte Landzunge zwei kleine Inseln an, die den Bogen dersel-
ben aufnehmen und wieder zurückführen, untereinander verbunden mit einer
kleinen Hausteinbrücke. Der Kiefernwald auf der Landzunge der Miyazu-Bucht ist
dabei für das ganze Ensemble auf wenige Einzelbäume reduziert. Gewiss ist der
Katsura-Garten in seiner Art etwas Besonderes und doch ist er von der ganzen
künstlerischen Konzeption her durchaus auch ein typisch japanischer Garten.

Die Fürstengärten

Da der Garten in der japanischen Kultur eine solche bedeutende Rolle spielt, ist
es verständlich, dass nun auch in Edo, der Regierungshauptstadt der Tokugawa-
Familie, große Gärten angelegt wurden (11). Bei den Bauherren handelte es sich
meist um Daimyo-Fürsten, weshalb man diese Gärten Fürstengärten nennt. Es
sind Teichgärten, vom Grundprinzip her den höfischen ähnlich, nur fehlt meist der

Bezug zu einem Palast und mithin auch die Sandzone. Manchmal liegt ein solcher Garten zu Füßen einer Burg. Auch hier sind es Landschaftskompartimente um einen Teich mit Insel gruppiert.

Das Neue, entstanden aus der veränderten politischen Situation, beherrscht von den Tokugawa-Fürsten, die nach einer Zentralisierung der Macht strebten und dies auch zum Ausdruck bringen wollten, war die große Ausdehnung der Anlagen mit einem Teich als betontem Mittelpunkt. Resultat waren nun sehr weitläufige Parks mit großen Teichen und zum Teil mächtigen Inseln. Hatte man schon in einigen der früheren Teichgärten auf schmalen Wegen den Teich umrunden können, waren Wege nun zu einem bestimmenden Element geworden. Sie führten durch eine mehr oder weniger hügelige Landschaft und an jeder Biegung erscheint ein neues landschaftliches Bild. Dies ist einer der Gründe, weshalb man die Gärten dieses Stils „Gärten im Umwandelstil" nennt.

Diese Fürstengärten waren so ausgedehnt, dass man sie eigentlich als Parks bezeichnen sollte. Gewiss kann man in ihnen einen der Ursprünge unserer englischen Landschaftsparks erkennen. Als Schöpfungsgarten dieses Stils wird der Koraku-en in Tokyo (früher Edo) angesehen, 1629 von Fürst Yoshifusa von Mito begonnen, aber eigentlich gestaltet von seinem Nachfolger Fürst Mitsukuni von Mito, einem Anhänger des Konfuzianismus. Dieser ließ sich später auch von einem der chinesischen Gelehrten, die damals recht zahlreich aus der Ming-Dynastie nach Japan flohen, beraten. Hauptmerkmal dieses Gartens ist die Darstellung berühmter chinesischer und japanischer Landschaften in natürlicher – oder doch

Koraku-en, Fürsten-garten im Umwandelstil, Darstellung der chinesischen Kleinen Lushan-Berge, Tokyo.

fast natürlicher – Größe, deren Gestaltung auf Mitsukuni selbst, später dann auf den Einfluss des chinesischen Gelehrten zurückgeht. Dazu gehören zum Beispiel die chinesischen, ganz mit Sasa-Bambusgras bewachsenen Kleinen Lushan-Berge oder die Oigawa-Flusslandschaft von Kyoto. Eine rote Brücke, aufleuchtend im dichten Laub, überspannt einen Abgrund. Immer wieder bieten sich überraschende Ausblicke. Im Laufe der Jahrhunderte ist der Park mehrfach zerstört worden, doch nach dem Krieg wurde er, wenn auch verkleinert, vorbildlich wieder hergestellt.

Andere Fürstengärten

In Tokyo gibt es noch eine Reihe ähnlicher Parks wie zum Beispiel den Rikugi-en (12). Später wurden auch in der Provinz solche großen Gärten angelegt, die je nach Lage und Ausdehnung neue interessante, oft sehr eigenwillige Elemente aufzuweisen haben. Ein Beispiel hierfür ist der Koraku-en in Okayama mit freier, elegant geschwungener Uferzone und einem offenen, wie grafisch gestalteten Wegenetz (13).

Damit sind die grundsätzlichen Möglichkeiten des Teichgartentyps angedeutet und man kann durchaus den Eindruck gewinnen, dass dieser Typus in der japanischen Gartenkunst der dominierende ist. Letztendlich hält er sich zahlenmäßig wohl mit den Betrachtungsgärten bis zu einem gewissen Grad die Waage. Wenn diese Betrachtungsgärten für uns jetzt hier auch die wichtigsten sind, wäre aber die Entwicklung des japanischen Gartens ohne die Teichgärten nicht zu denken, denn wir werden sehen, dass auch in den Betrachtungsgärten – sogar in den Trockenlandschaftsgärten – sehr häufig ein Teich mit Insel dargestellt ist.

Koraku-en, Fürsten-garten im Umwandelstil, Darstellung der Oigawa-Flusslandschaft von Kyoto, Tokyo.

座観式庭園 Der Betrachtungsgarten

Tofuku-ji, Trockenland-
schaftsgarten / Stein-
gruppe auf Sandfläche,
Kyoto.

Betrachtungsgärten stehen in einem engen Zusammenhang mit der Architektur, in der Regel Wohnbauten. Vor allem waren es die städtischen Adelshäuser, dann auch die Wohnbauten der Äbte und der zurückgezogen lebenden Priester der buddhistischen Tempel und schließlich die Häuser der Bürger. Diese Bauten sind meist mit einem geländerlosen, verandaähnlichen Umgang versehen und manchmal auch mit einer so genannten Schreibnische *shoin* (14) ausgestattet. Das Fenster darüber gibt den Blick in den Garten frei, wobei es gleichzeitig für das „Gartenbild" eine Art Rahmen abgeben kann. In einigen Gärten wurden auch Teiche angelegt, aber meistens handelt es sich um Trockenlandschaftsgärten. Sie sind es auch, die den europäischen Liebhaber japanischer Gärten am stärksten faszinieren, da sie so ganz anders sind als das, was wir in Europa gewohnt sind. Man kann einem solchen Garten sehr unterschiedliche Formen geben, sozusagen vielerlei landschaftliche Motive darstellen. Die Gestaltung dieses japanischen Gartens charakterisiert ein asymmetrischer Rhythmus, der als ein grundlegendes Phänomen der japanischen Kunst überhaupt anzusehen ist. Kleinere Gärten entwickeln sich daher häufig aus einer Ecke heraus, Symmetrie kommt nicht vor.

Die Materialien, das heißt vor allem Steine und Pflanzen sollten möglichst natürlich belassen werden. Kiefern und immergrünes Buschwerk kann man dagegen in Form ziehen beziehungsweise beschneiden, Steine dürfen aber nicht bearbeitet werden. Auf diese Weise könnte man einen „Teichgarten" mit Inseln und Brücken, eine Flusslandschaft mit Steinufern oder auch eine wilde Gebirgslandschaft mit Wasserfall ganz natürlich gestalten – auch ohne Wasser.

Orientierung an der Tuschmalerei

Gerade an den Trockenlandschaftsgärten kann man sehen, dass die japanischen Gartenmeister, besonders des 16. und 17. Jahrhunderts, sich an der chinesisch-japanischen Tuschmalerei orientierten. An ihr kann man gut studieren, wie die einzelnen Landschaftselemente, die Felsen, die Täler, zueinander zu stehen haben,

Daisen-in im Daitokuji-Tempel, Trockenlandschaftsgarten mit Darstellung einer Gebirgslandschaft, Kyoto.

um die künstlerische Wirkung des „dreidimensionalen Landschaftsgemäldes" zu erzielen. Das fand man in aus China herübergekommenen Traktaten deutlich beschrieben. Im Vordergrund hatten beispielsweise die Gebirge darstellenden Felsen groß und mächtig zu sein, während sie zum Hintergrund hin immer niedriger sein sollten.

Das eindrucksvollste Beispiel für diesen Stil und die Bedeutung der Tuschmalerei ist der Garten des Daisen-in im Daitokuji-Tempel in Kyoto, wahrscheinlich zwischen 1508 und 1513 angelegt von

Daisen-in im Daitoku-ji,
Trockenlandschafts-
garten mit Darstellung
der Gebirgslandschaft
mit Steinbrücke.

dem Priester Kogaku Sotan. Er hatte sich dort in seine Klause zurückgezogen, um sich ein Refugium zu schaffen. Zwei mächtige Felsen stehen hier direkt vor dem Verandaumgang. Nach hinten gestaffelt werden die Felsen immer niedriger und scheinen in der Ferne wie im Dunst zu verschwimmen. Dort stürzt ein „Wasserfall" hervor – aus Sand. Das Ufer wird von gratigen Felsen und niedrig gehaltenen Kiefern begleitet. Solche Felsengärten muss es wohl in größerer Zahl gegeben haben (15), dieser ist aber unter den erhaltenen zweifellos der eindrucksvollste. An seinem Beispiel kann man auch das Phänomen der Dimensionsverschiebung beobachten: eine im Verhältnis zu den Felssteinen fast übergroße Steinbrücke, die von der Veranda ausgehend direkt auf sie zuführt – ein raffinierter Trick, der einem aber erst bei näherer Betrachtung deutlich erkennbar wird.

Trockene Teichlandschaften

Darstellungen von Teichgärten im Stil eines Trockenlandschaftsgartens *karesansui* sind naturgemäß flacher angelegt als solche Gebrirgslandschaften. Im Taizo-in des Myoshinji-Tempels in Kyoto gibt es einen geradezu klassischen „Teichgarten", nur eben trocken, ohne jegliches Wasser. An der einen Seite reicht der „Teich" bis an die Veranda heran. In diesem befindet sich eine relativ große Insel, die mit dem Ufer durch zwei Steinbrücken verbunden ist. Diese große Insel wird noch durch eine sehr viel kleinere ergänzt. Manchmal stecken dort zwei kleine Holztafeln mit dem Hinweis „Kranich-Insel" und „Schildkröten-Insel", aber dies ist eine Zutat aus

Taizo-in im Myoshinji-
Tempel, Trockene
Teichlandschaft, Kyoto.

neuerer Zeit. Im Hintergrund kommt ein breiter Wasserfall herab. Das Ganze ist von hohem Buschwerk eingefasst.

Ausdruck des Monumentalen

Fast expressiv dagegen erscheint das Teichgartenthema im Tigertal-Garten Kokei-no-tei im Nishihonganji-Tempel in Kyoto gestaltet. Ursprünglich soll er zum Schloss Fushimi-jo des Hideyoshi gehört haben und 1630 an den Tempel gegeben worden sein. Zwischen großen Felsen strömt in der Tiefe ein breiter Sandfluss herab, der auf fast abstrakte Weise, mehr einer Formgestaltung als der Vorstellung praktischer Möglichkeiten dienend, von monumentalen Steinbrücken überquert wird, die auf die Inseln führen. Palmen, für einen japanischen Garten eher ungewöhnlich, ergänzen dieses monumentale „dreidimensionale Landschaftsgemälde".

Ein neuer höfischer Stil?

Etwa in der ersten Hälfte des 17. Jahrhunderts kommt ein neuer Trockenlandschaftsstil auf, der natürliche Dimensionen anstrebt. Im gewissen Sinne kann man dies als eine Hinwendung oder auch als Aufkommen nostalgischer Erinnerungen an das höfische Zeitalter bezeichnen. Möglicherweise geht dies auf die künstlerischen Vorstellungen des Kobori Enshu (1579 – 1647) zurück, jenes großen Architekten, Garten- und Teemeisters (16). Er hegte eine Vorliebe für das Höfische und entwickelte daraus einen neuen Stil. Bestes Beispiel ist der Garten des Nanzenji-Tempels in Kyoto, der sehr wahrscheinlich von ihm entworfen wurde. Hier sind die Felssteine, wie sie auch auf den Gebirgsmatten liegen könnten, mit in den Dimensionen dazu passenden, niedrig gehaltenen Bäumen

Kokei-no-tei im Nishihongan-ji, Trockenlandschaftsgarten, Darstellung des „Tigertals" in China, Kyoto.

komponiert. Alles ist umgeben von einer Mooszone, die von weißem Kies mit wellenförmigen Konturen begrenzt wird. Es ist allerdings anzunehmen, dass diese Mooszone erst im Laufe der Jahrzehnte entstanden ist.

Alle diese Gärten haben ein wesentliches Merkmal gemeinsam: Sie sollten nicht betreten, sondern nur von der Veranda aus betrachtet werden. Diese fungiert gewissermaßen als Grundlinie des Bildes und gibt die Proportionen der Gestaltung vor. Sie werden weiterhin bestimmt durch den Standpunkt des Betrachters, den dieser allerdings durch Wechsel der Position verändern kann. In der Regel ist dies jedoch nur in einer Richtung möglich. Das hat eine gewisse Ähnlichkeit mit dem Aufrollen einer Handrolle, die eine Landschaft in kontinuierlicher Abfolge zeigt und auf dem Tisch liegend betrachtet wird (17). Doch sollte man diesen „Standpunkt" besser als „Sitzposition" bezeichnen, denn jemand, der auf der Veranda nur stehend den Garten anschaut, würde nicht den richtigen Blickwinkel erfassen. Im Sitzen ist das anders, das „Bild" gewinnt mehr an Höhe und Tiefe. Das hindert natürlich nicht, auch dann die Position zu verändern. Der Gärtner muss also bei der Gestaltung immer auf jeden dieser Blickpunktmöglichkeiten

Nanzen-ji, Trocken-landschaftsgarten in „natürlichen Dimensionen", Kyoto.

**Teegarten der
Hosokawa-Familie,
Kumamoto.**

Rücksicht nehmen, das heißt er muss darauf achten, dass die einzelnen Kompartimente und Motive zusammenstimmen und das „Bild" nicht auseinanderfällt. Sitzt der Betrachter jedoch hinter dem Schreibpult am Fenster in der Schreibnische *shoin,* erhält das Bild einen festen Rahmen, in dem das „Bild" der dargestellten Landschaft als ein Ausschnitt erscheint.

Der Teegarten

Eine Landschaftsdarstellung ganz anderer Art ist der Teegarten. Man kann ihn durchschreiten, aber nicht „umwandeln" wie die Fürstengärten im „Umwandelstil". Dieser Garten ist als Vorbereitungszone für die Teezusammenkunft angelegt. Während der Teegesellschaft, die fälschlicherweise noch oft „Tee-Zeremonie" genannt wird, entsteht im Umgang mit künstlerischen Gegenständen durch die kommunikativen Bewegungen der Teilnehmer ein neues „räumliches Kunstwerk", in das alles, was diese Anlage ausmacht, mit einbezogen wird, der Pavillon ebenso wie der ihn umgebende Garten.

Der „ausgebaute" Weg

Auf den ersten Blick wirken die meisten der berühmten Teegärten wie ein aus-
gebauter Weg, aber wie ein Weg durch eine „wilde" Waldlandschaft. Und das ist
er eigentlich auch, vor allem wenn man seine klassische Ausprägung betrachtet.
Schon die Schriftzeichen *roji* bedeuten „Weg". Man kann aber *roji* für Teegarten
auch noch mit einem anderen Schriftzeichen schreiben, dann bedeutet es
„Tauerde" und ist ein Hinweis auf einen Kommentar zur Lotos-Sutra: „Entflohen
der feurigen Wohnstätte der Drei Welten setzen sie sich nieder auf die Tauerde..."
als einem vom Schmutz der Welt gereinigten Platz.

Dieser Gartentyp ist nun auf eine kunstvolle, natürliche Weise als eine „einsame
Wildnis" gestaltet, die den Menschen loslösen soll von allem Äußeren. So wirkt
er in der Tat wie ein einsamer Wald; die Bäume sind meist dicht gesetzt, immergrün und niedrig gehalten. Moos, Farne und Gräser bedecken den Boden.

Locker gesetzte Schrittsteine führen
durch ihn hindurch, wie sie einst Wege
in den Bergwäldern befestigten. Gelegentlich wird ein Paviment aus Hau-
und Bruchsteinen hinzugefügt, das
Schrittgefühl zu verändern. Das Licht
dringt nur da und dort durch das immergrüne Gehölz. Die Wasserfläche eines
steinernen Wasserbeckens von einfachs-
ter Form blitzt gelegentlich auf und wirft
Lichtreflexe auf den feucht schimmern-
den Waldboden. Das Becken dient zur
Reinigung von Mund und Händen. Der
leise Ton seines fallenden Wasserstrahls
dringt beruhigend an das Ohr. Die
Empfindungen all dessen sind so inten-
siv, dass man sogar tatsächlich den
Wechsel der Wegbefestigung unter den
Füßen zu spüren meint.

**Teegarten auf dem
Gelände des Koetsu-ji,
Kyoto.**

Die Bedeutung der Details

Eine Steinlaterne, sie könnte ursprünglich zu einem alten – aufgelassenen –
Schrein gehört haben, wurde in den Teegarten gebracht und zu einem wichtigen
Motiv, die Einsamkeit zu unterstreichen. Die Pavillons sind einfache „Hütten", aber
von äußerst raffinierter Gestaltung. Ergänzt wird dieser Pavillon durch eine über-
dachte Bank, auf der die Gäste zu warten haben, wenn der Gastgeber die letzte
Phase der Teezusammenkunft vorbereitet (18).

Ein solcher Teegarten *roji,* „Tauerde" oder einfach nur „Weg", scheint keiner
oder nur wenig Gestaltung und Pflege zu bedürfen, doch da täuscht man sich.
Der Versuch ihn nachzuempfinden oder nachzugestalten ist nicht leicht. Denn
da er so auf die Teegesellschaft zugeschnitten ist, besitzt jede Einzelheit eine
Bedeutung, nicht symbolisch, sondern ganz konkret. Nichts ist dem Zufall über-
lassen. Dabei geht es auch um die kleinsten Details wie beispielsweise die Höhe
eines Schrittsteins (19).

**Teegarten von Ogata
Kenzo, privat, Tokyo.**

Teegarten, Wasser-
becken mit Schöpfkelle,
privat, Nara.

Die Gärten der Teeschulen

Die großen Teegärten gehören noch heute den drei wichtigsten, seit dem
17. Jahrhundert entstandenen Teeschulen. Aber auch Tempel und private Tee-
liebhaber besitzen solche Gärten oder lassen sie sich sogar mit einem gewissen
modernen Touch neu anlegen. Denn die Teekunst ist nach wie vor außerordentlich
beliebt. Natürlich bilden die großen Teeschulen mit ihren zahlreichen Zweig-
schulen das Zentrum der Teegartenkunst: Omote-, Ura-Senke und Mushanokoji-
Senke. Sie unterhalten jeweils ausgedehnte Anlagen, die aus mehreren Kompar-
timenten bestehen. Auch in Tempeln befinden sich wichtige Teegärten mit
Pavillons. Jedoch sind diese meist offener angelegt, und der Garten beschränkt
sich auf einen mehr oder weniger freien Zugangsweg. Die Teeanlagen in den
großen, aus den Fürstengärten hervorgegangenen Parks – die heute manchmal
auch zu Museen gehören – sind meist ganz im klassischen Sinne in eine „Wildnis"
eingebettet. Solch halb-öffentliche Pavillons kann man übrigens für seine eigene,
private Teegesellschaft mieten.

Der japanische 現代庭園
Garten heute

Die Lebendigkeit einer Kunstform zeigt
sich immer darin, dass sie aus sich
heraus, aus dem Überlieferten, neue,
gegenwärtige Formen zu entwickeln
in der Lage ist. Das gilt für Privat- und
Tempelgärten ebenso wie für die in der
modernen Zeit notwendig gewordenen
öffentlichen Grünanlagen. Tokyo
erscheint darin geradezu vorbildlich und

so mancher Besucher kann nicht umhin zu konstatieren: Tokyo ist eine grüne Stadt.

Nicht nur, dass noch zahlreiche Fürstengärten erhalten sind und in der Meiji-Zeit (1868 – 1912) große, öffentliche Parks angelegt wurden, auch nach dem Zweiten Weltkrieg, als es notwendig geworden war, in den Großstädten in die Höhe zu bauen, ließ man die untere Zone weitgehend offen, dem Publikum zugänglich und stattete sie mit phantasievollen Grünanlagen aus, zum Beispiel in Tokyo Kasumigaseki oder in Tokyo Shinjuku. Dabei verwendete man vor allem die alte Gestaltungstechnik des geschnittenen Buschwerks *karikomi*.

Seite 54 oben:
Moderne *karikomi*-Anlage am neuen Rathaus, Tokyo.

Seite 54 unten:
Moderne *karikomi*-Anlage am Kasumi-gaseki-Hochhaus, Tokyo.

Unten:
Gyokudo-Museum, Trockenlandschafts-garten von Nakajima Ken, Tokyo.

Unten:
**Tofuku-ji, dekorative
Gestaltung von
Mirei Shigemori, Kyoto.**

Seite 57 oben:
**Moderner Hausgarten
von Makioka Kazuo,
privat, Nara.**

Seite 57 unten:
**Moderner Hausgarten
von Makioka Kazuo,
privat, Nara.**

Klassische Elemente und neue dekorative Formen

Manche berühmte Gartenarchitekten, wie Nakajima Ken, setzten bewusst klassische Elemente ein. Hierzu gehören das zu Hügeln geformte *karikomi*-Buschwerk
und Kurzpavimente auf einer reinen Sandfläche – wie im Garten des Gyokudo-
Museums bei Tokyo. Durch eine neue Weite und die Art der Kombination entwickelte er einen modernen, aber japanischen Stil.

Doch nicht nur in öffentlichen Anlagen wurden neu erdachte Formen mit alten
Techniken angewendet, auch Tempel entschlossen sich zu einer Modernisierung
ihrer Gärten. Berühmt dafür ist der Tofuku-ji in Kyoto mit seinen verschiedenen

Gärten, die der Gartenmeister Mirei
Shigemori entwarf. Er bearbeitete, im
Gegensatz zu den sonst naturbelasse-
nen Felssteinen, seine Steine, so dass
sie eher einen skulpturalen Eindruck
hervorrufen. Auch schnitt er das Buschwerk zu dekorativen Formen oder schuf
mit Moos und quadratischen Steinplatten
ein Ornament, das an alten japanischen
Papierdekor erinnert.

Moderne Hausgärten
des Makioka Kazuo

Aber es sind nicht nur die großen alten
Herren der Gartengestaltung, die die
Tradition des japanischen Gartens fort-
führen oder fortgeführt haben und daraus moderne Formen entwickelten.
Auch die mittlere und ebenso die jünge-
re Generation widmet sich dieser Kunst.
Dazu gehört auch Makioka Kazuo,
dem wir die Zeichnungen in diesem
Buch zu verdanken haben und der ein
Gartenstudio in der Nähe von Nara, der
ersten Hauptstadt Japans, besitzt. Zwar
beschäftigt er sich auch mit größeren
Anlagen, doch meistens gestaltet er
kleinere Hausgärten. Unter diesen
Hausgärten, die er bereits sehr zahlreich
in verschiedenen Gegenden Japans
angelegt hat, sind häufig Trockenlandschaftsgärten *karesansui*, gelegentlich
mit einem Hinweis auf den Teegarten.

Stilistisch neue Formen

Zwar folgt Makioka den klassischen
Stilvorgaben, doch entwickelt er daraus
nicht selten neue Formen. So entwarf er
zum Beispiel eine Art Paviment aus läng-
lichen rechteckigen Steinen, die locker,
fast informell gelegt sind und die er sogar
durch große Felssteine und Kiesel unter-
brach. Seine Steingruppen sind ebenfalls
nicht sehr streng arrangiert, fast so – wie
es im „Sakuteiki", jener alten Gartenschrift
heißt – „wie spielende Hunde". Ein wenig
erinnern sie an den Stil des Kobori Enshu
im Nanzenji-Tempel in Kyoto. Durch seinen Lehrer und Mentor Mori Osamu kam
Makioka 1980 nach Deutschland, um
dort am Frankfurter Palmengarten an der
Ausstellung „Der japanische Garten und
seine Elemente" mitzuwirken. Seitdem
hat er in Europa schon mehrfach seine
Spuren hinterlassen und versteht es, sich
in den klimatischen und botanischen
Gegebenheiten zurechtzufinden und
doch seinen eigenen japanischen Stil
zu verwirklichen, der sich sowohl durch
Klarheit als auch durch eine gewisse
Heiterkeit auszeichnet.

Weiterleben der japanischen Gartenkunst

Die japanische Gartenkunst mit ihrem
spezifischen Charakter, die es so nicht

Seite 58 oben:
Trockenlandschafts-
garten mit Teegartenele-
menten von Makioka
Kazuo, Odenwald.

Seite 58 unten:
Trockenlandschafts-
garten von Makioka
Kazuo, Odenwald.

Oben:
Trockenlandschafts-
garten von Makioka
Kazuo, Odenwald.

Unten:
Trockenlandschafts-
garten von Makioka
Kazuo, Odenwald.

noch ein zweites Mal gibt, wird also
weiterleben. Das Alte und das Neue
wird nebeneinander bestehen, sich
gegenseitig befruchten und gelten
lassen. Japanische Gartenkunst wird
verehrt und bewundert von vielen, die
dadurch zu ihrer Erhaltung beitragen,
zumal sie in unserer Zeit wiederum
verstärkt über die Grenzen Ostasiens
hinauswirkt.

Die erste Phase der Ost-West-Berüh-
rung in Sachen Gärten fand bereits im
18. Jahrhundert statt, als der englische
Landschaftsgarten unter chinesisch-
japanischem Einfluss entstand. Doch
damals musste Europa überhaupt erst

Links oben:
Wasserfallgarten mit
Teegartenelementen von
Makioka Kazuo, Meran.

Links unten:
Moderner Hausgarten
von Makioka Kazuo,
privat, Nara.

Rechts unten:
Trockenlandschafts-
garten als Innenhof-
garten von Makioka
Kazuo, Odenwald.

Seite 61:
Moderner Hausgarten
von Makioka Kazuo,
privat, Nara.

lernen, was Landschaft ist und deren
Schönheit anerkennen. Heute bemäch-
tigen sich nicht nur Gärtner und Gartenarchitekten des japanischen Gartens,
auch freie Künstler wie Walter de Maria
zum Beispiel, einer der Begründer der
„landart", haben sehr wohl ihre Augen
nach Japan gerichtet, auch wenn
dabei keine „Gärten" entstanden.
Doch vor allem lassen sich mehr und
mehr Gartenliebhaber von der stillen
Schönheit dieser Kunst faszinieren.
Wenn es ihnen gelingt, ihr Wesentliches zu erfassen, wird auch unter
ihren Händen ein japanisch inspiriertes
Gartenkunstwerk entstehen.

Anlegen eines
japanischen Gartens

Es gibt sehr viele Besucher Japans, die sich, ohne vorher eine Ahnung davon zu haben, ganz spontan von der japanischen Gartenkunst faszinieren lassen. Mag es auch nicht immer so einfach sein, ihre Schönheit so schnell zu erfassen. Erst wenn man sie immer wieder anschaut, sich auf der Veranda zum kontemplativen Betrachten niedersetzt, wird man viele Einzelheiten entdecken und das künstlerische Gesamtkonzept des japanischen Gartens verstehen.

Das weckt dann in Vielen den Wunsch, diese Atmosphäre der Stille, die ruhige Stimmung eines solchen Gartens mit nach Hause zu nehmen und auf den eigenen Garten zu übertragen.

Grundsätzliches

Wenn man nun damit beginnen will, einen Garten im japanischen Stil anzulegen, muss man sich zunächst über seine Absichten und Möglichkeiten klar sein, so zum Beispiel ob man einen parkartigen, also einen größeren Teichgarten anlegen will oder einen dem Haus zugeordneten Teichgarten oder einen, ebenfalls dem Haus zugeordneten, dem japanischen Betrachtungsgarten ähnlichen oder gar einen dicht bepflanzten Teegarten, was in bestimmter Situation gewiss angemessen sein könnte.

Wir gehen einmal davon aus, dass es sich in den häufigsten Fällen um einen dem Haus zugeordneten Garten handeln wird; für einen größeren Teichgarten sollte man sowieso lieber einen japanischen Gartenmeister holen. Doch kann man durchaus am Haus auch einen Teichgarten mit Insel, Wasserfall und Brücke anlegen, man muss nur von Anfang an die Grenzen der Möglichkeiten erkennen.

Erste Überlegungen

Bevor man mit der Planung eines Gartens im japanischen Stil beginnt, sollte man das vorhandene Grundstück einer genauen Betrachtung unterziehen. Für die Möglichkeiten, die ein Grundstück bietet spielt nicht nur die Quadratmeterzahl eine Rolle, sondern vor allem das Verhältnis seiner Seiten, der Schmalseiten und der Breitseiten zueinander. Ebenso wichtig ist es, zu beachten, ob es ein einfaches Rechteck ist, rechtwinklig geschnitten, in der einen oder anderen Richtung verzerrt oder ob es vielleicht eine kurvige Begrenzung hat. Die Ausrichtung auf eine Himmelsrichtung ist zwar nicht ohne Belang, wenn auch geomantisch nicht so festgelegt wie bei chinesischen Anlagen. Nach Mori Osamu wäre bei abfallendem Gelände die Nordwestrichtung mit Hügeln im Südosten typisch japanisch. Für einen modernen japanischen Garten sei die Ausrichtung nach Südosten ideal.

Entscheidend ist jedenfalls, welch topografische Beschaffenheit der Boden hat, ob er abfallend oder eben ist. Des Weiteren sollte man auf die Umgebung achten und sich mit der Umfriedung nach ihr richten. Hat man hinter dem Garten eine offene Landschaft vor sich, möglicherweise mit Bergen und Hügeln, sollte man eine nie-

Innenhofgarten, Hotel Iwanami, Kyoto.

drige, immergrüne Hecke anpflanzen, die den Blick in die freie Landschaft nicht behindert, sondern im Gegenteil diese als „Geborgte Landschaft" mit einbezieht. Dann allerdings darf der Garten nicht allzu üppig angelegt sein. Wenn aber der Garten an einer normalen Straße liegt und von Häusern umgeben ist, sollte die Hecke ruhig etwas höher sein, um für das „Bild" des Gartens einen Hintergrund abzugeben. Diese Überlegungen gelten nicht nur für die Anlage eines Teichgartens, sondern sind allgemein verbindlich.

Der erste Schritt für die Anlage eines Gartens – gleich welchen Typs – wäre nun, nach den eigenen Vorstellungen einen Grundplan zu zeichnen. Doch muss man nicht traurig sein, wenn sich so manche Idee als undurchführbar erweist. Man sollte flexibel sein, hinzufügen oder weglassen oder austauschen. Wichtig ist nur, dass das Grundkonzept, das „Bild" einer Landschaft, Gestalt gewinnt.

Wenn man nun gerne einen Teichgarten haben möchte, sollte das Grundstück nicht zu klein und am besten eben sein, jedenfalls ist er auf ebener Fläche leichter zu realisieren. Wenn man jedoch auf einen Teich verzichtet, kann dem Bedürfnis nach Wasser mit einem kleinen, steinernen Wasserbecken – mit oder ohne Zulauf–, wie man sie im Teegarten findet (siehe Seite 51, 53, 60), Genüge getan werden.

Was man von seinen Vorstellungen realisieren kann, richtet sich im gewissen Sinne nach der Größe des Grundstücks. Aber ein zu kleines Grundstück gibt es nicht! Selbst auf dem kleinsten Fleckchen kann man etwas „Japanisches" gestalten, sei es mit einer kleinen Steingruppe, Kieseln, auch einer Steinlaterne oder etwas hochwachsendem Bambus, der ein schönes Schattenspiel an der Hauswand veranstaltet. Das niedrig wachsende Bambusgras *Sasa* deckt gut den Boden, wirkt aber auch in kleinen Gruppen gesetzt recht gut. Dies alles kann auch auf nur wenigen Quadratmetern sehr eindrucksvoll sein, nur zu voll darf es nicht werden.

Teichrandgestaltung,
Nijojo-Schloss, Kyoto.

池庭

Das Anlegen eines Teichgartens

Wenn man einen Teich anlegen möchte, sollte man mit diesem beginnen und ihn zum Mittelpunkt der ganzen Anlage machen. Das heißt nicht, dass er in der Mitte des Gartens zu liegen hat. Gemeint ist vielmehr, dass alle übrige Gestaltung auf ihn gerichtet ist und von ihm ausgehen sollte. Um die Wirkung festzustellen und die Form des Teiches festzulegen, ist es hilfreich, mit Pflöcken und einer Schnur die ungefähren Konturen abzustecken.

Für das Anlegen eines Teiches gibt es technisch mehrere Möglichkeiten. Die in Japan bei alten Gartenanlagen häufige Methode, ihn durch Aufstauen eines Baches anzulegen, der hindurchfließen könnte und so für frisches Wasser sorgt, kommt für unsere Hausgärten wohl kaum in Frage. Um das Wasser in Bewegung zu halten, ist es wahrscheinlich das beste im Teich eine Umlaufpumpe zu installieren, die man hinter Steinen oder hinter einem kleinen Wasserfall verbergen kann, über den das Wasser wirkungsvoll hereinplätschert. Auf jeden Fall ist der Wassereintritt über einen solchen kleinen Wasserfall am wirkungsvollsten (siehe Seite 36).

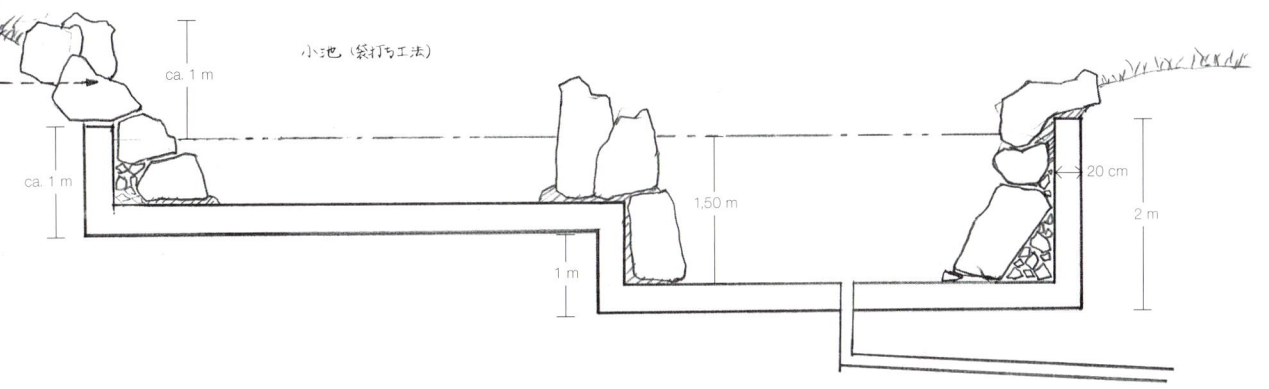

小池（袋打ち工法）

ca. 1 m

ca. 1 m

1,50 m

1 m

20 cm

2 m

Uferbefestigungen

Bevor der Teich vollständig ausgehoben wird, muss die Uferlinie befestigt werden. Diese sollte nach Möglichkeit nicht nur einen einfachen Kreis beschreiben, sondern Buchten und Landzungen aufweisen, damit ein natürlicher Eindruck entsteht. Eine relativ einfache Methode der Uferbefestigung ist das Abstützen mit Rundhölzern, die zusätzlich mit Weidenruten durchflochten werden können. Die Uferlinie wirkt interessanter, wenn die Hölzer in der Höhe etwas ungleichmäßig gesetzt werden. So entsteht ein lebendiges Auf und Ab.

Bei einer anderen, der so genannten *fukurouchi*-Methode („Sack-Methode"), die aufwändiger, aber wohl effektiver ist, wird entlang der Uferlinie ein kleiner Graben ausgehoben und an beiden Grabensei-ten – wobei die innere Linie der vorgesehenen Uferlinie folgt – Sperrholzplatten eingesenkt, die mit Querhölzern verspannt werden. Dieser Graben wird mit Beton ausgefüllt und die Bretter wieder herausgezogen. Tiefe und Breite des Grabens richten sich nach der Größe des Teiches.

Kleiner Teich, Uferbefestigung nach der „Sackmethode". Links: Wasserzulauf durch Wasserfall oder Umlaufpumpe über dem Wasser, rechts: Abwasserrohr.

Teichrandgestaltung, Enjo-ji, Nara.

Abdichten des Teichbodens

Die bei uns gängigste und übliche Methode zur Abdichtung von Teich, Ufer und Boden ist das Auskleiden mit Teichfolie. Allerdings ist es bei dieser Technik nicht ganz einfach und erfordert sehr viel Geschick, wenn man eine interessante Uferlinie gestalten und die Ufersteine interessant setzen möchte.

Ist der Teich für einen Folienteich ausgehoben, muss man den Grund genau daraufhin prüfen, ob er sehr felsig oder steinig ist. Trifft dies zu, muss er mit einer Schicht Sand abgedeckt werden. Ist er mehr oder weniger glatt, genügt es, ein Flies einzubringen. Darauf wird dann die Folie ausgebreitet und am Rand hoch- gezogen. Um das Ufer wird ein ca. ein Meter breiter, gerader Streifen angelegt, über den die Folie gezogen wird. Den Rand bedeckt man mit Erde.

Dieser Streifen wird dann mit einer 5 – 10 cm dicken Betonschicht bestrichen und darauf werden die Bruchsteine verteilt, auch größere Felssteine kann man aufbrin- gen. Soll der Teich eine Insel haben, wird diese als Erdform, bevor die Folie ausge- breitet wird, aufgebaut und die Folie darüber gezogen. Auf dieser wird dann eine ca. 5 cm dicke Schicht Beton aufgebracht, der ca. 24 Stunden trocknen muss. Dann bringt man noch einmal ca. 10 cm weichen Beton auf. In diesen kann man die Steine der Felseninsel setzen. Doch sollte eine solche Insel nicht zu groß sein, möglichst nahe ans Ufer platziert und mit ca. drei bis fünf Steinen unterschied- lichster Höhe gestaltet werden, damit sie den Eindruck einer „wilden" Felsenküste oder –insel vermitteln.

Besser aber wäre es, die alte Methode des Lehmstampfens, wie sie früher auch in Europa üblich war, anzuwenden. In Japan wird diese noch immer praktiziert, wenn auch häufig durch Beimischung von Zement oder Beton. Der fest gestampfte Lehm wird dann dicht mit Großkieseln belegt.

Weitere Techniken zur Bodenabdichtung

Der Teichboden kann auch einfach dicht mit Kieseln ausgelegt und mit Beton ausgegossen werden. Um den Beton zu kaschieren wird dieser Boden dann mit verschieden großen Steinen bedeckt, die am Ufer entlang aufeinander getürmt werden um gleichzeitig ein „natürliches" Uferbild zu erzeugen.

Man kann das Material zur Abdichtung des Bodens noch verbessern, indem man eine Mischung aus drei Sack Lehm und zwei Sack Kalk herstellt, die mit Wasser durchgeknetet wird. Diese Masse wird ca. 10 cm dick auf den ausgehobenen Teichboden und vielleicht auch der inneren Uferkante aufgetragen, wenn man nicht eine der anderen Befestigungstechniken gewählt hat. Diese Menge reicht für 0,8 m². Nun muss tüchtig gestampft werden. Als Stampfgerät genügen kräftige Rundhölzer. Es gibt aber auch mit Stampfplatten versehene Hölzer. Nach drei Tagen ist die Masse ausgehärtet und kann mit Wasser abgespült werden. Wenn man etwas Zement untermischt, kommt die Farbe besser heraus und die Masse bindet früher ab, man kann dann früher abspülen.

Eine noch einfachere Methode wäre, den ganzen Teichboden mit einer gleich-mäßigen Schicht Beton, möglicherweise zusätzlich mit Eisengittern armiert, auszu-kleiden und dann mit großen Steinen zu bedecken. Für diese Teichbodentechnik wäre als Uferbefestigung aber auch die oben beschriebene Sackmethode zu empfehlen. Das über dem Wasserspiegel liegende Ufer kann dann mit unterschiedlich großen Steinen, einzeln oder zu Gruppen zusammengestellt, abwechslungsreich und natürlich gestaltet werden.

Teichrandbefestigung mit Steingruppe.

池の縁

Suhama-Ufergestaltung,
Koraku-en, Tokyo.

Sandbankufer *suhama*.

Zusätzliche Akzente der Ufergestaltung

Für das Teichufer gibt es aber – in Kombination mit den Steingruppen – noch eine andere interessante Möglichkeit der Ufergestaltung. Diese ist charakteristisch für so manchen japanischen Gartenteich, kommt aber auch in der Natur vor und ist sogar in unserer Landschaft zu beobachten, zum Beispiel an den kleinen Bachläufen in unseren Wäldern. In den Biegungen solcher Gewässer sammeln sich Kiesel und Kies an und bilden ein flaches, steiniges oder sandiges Ufer. Auf japanisch heißt dies *suhama* („Sandbankufer"). Sie ist seit alter Zeit ein sehr beliebtes Element der Gartengestaltung und in stilisierter Form sogar zu einem allgemeinen Dekormotiv geworden. Für ein solches Sandbankufer muss man das Ufer, am besten dort, wo es eine Kurve beschreibt, abflachen, sanft in den Teich hineingleiten lassen und mit

池の州浜

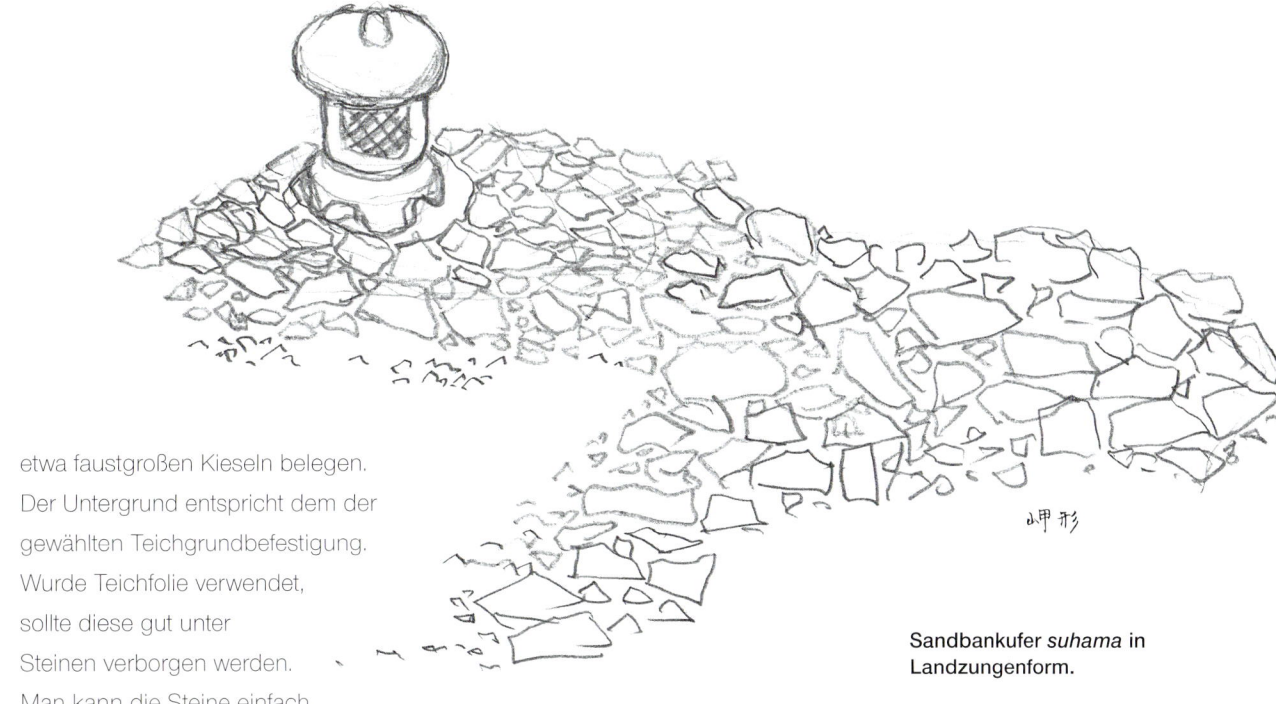

岬形

etwa faustgroßen Kieseln belegen.
Der Untergrund entspricht dem der
gewählten Teichgrundbefestigung.
Wurde Teichfolie verwendet,
sollte diese gut unter
Steinen verborgen werden.
Man kann die Steine einfach
flach hinschütten – so wirken sie natürlich – oder sorgfältig gleichmäßig legen,
das erscheint dann etwas ornamental. Es ist auch möglich, dort eine kleine Steinlaterne aufzustellen oder zwei, drei größere Steine einzusetzen. Beides müsste vor
dem Aufbringen der Kiesel geschehen, wobei die Steine etwas eingegraben und
entsprechend der Schauseite arrangiert werden sollten (siehe Seite 93).

Sandbankufer *suhama* in
Landzungenform.

Erdinsel, Nijojo-Schloss,
Kyoto.

島 Insel

Zu einem japanischen Gartenteich
gehört fast stets eine Insel. Ihre Größe
und Gestalt muss in gutem Verhältnis
zum Teich stehen, darf also nicht zu groß
oder zu klein sein. Dieses Verhältnis
ergibt sich aus der Größe des Grundstücks und den Gesamtproportionen,
hängt aber auch etwas vom Formgefühl
und Geschmack des Gestalters ab. Die
Form der Insel sollte von vornherein bei
der Grundplanung und der Planung des

池の中島

Erdinsel als Mittelinsel.

Teiches berücksichtigt werden. Will man sie als eine Erdinsel anlegen, die man mit Kiefern und Ahorn in Zwergformen besetzen kann, ist es das Beste, sie beim Ausgraben des Teiches als Hügel stehen zu lassen. Die Uferkanten werden, ähnlich wie beim Teich, mit kleinen und mittleren Felssteinen in lebendiger Abwechslung befestigt. Eine andere Möglichkeit ist, die ganze Insel, wie es bereits in der Heian-Zeit üblich war (siehe Seite 24 f.), mit einem sanft zum Wasser hin abfallenden, gleichmäßig breiten Streifen aus schotterartigem Kies zu umgeben. Dieser kann, wenn nötig, mit etwas Zement befestigt werden. Darauf sollte man zusätzlich eine Schicht etwa faustgroßer Kiesel verteilen.

Felseninsel

Will man eine Felseninsel nach klassischer Weise gestalten, muss hierzu zunächst der künftige Wasserstand des Teiches mittels einer Schnur festgelegt werden und der Boden des Teiches vollständig vorbereitet sein, das heißt, er muss abgedichtet sein, nach welcher Methode auch immer. Mittels dieser Wasserstandsschnur kann man erkennen, wie weit die Steine später aus dem

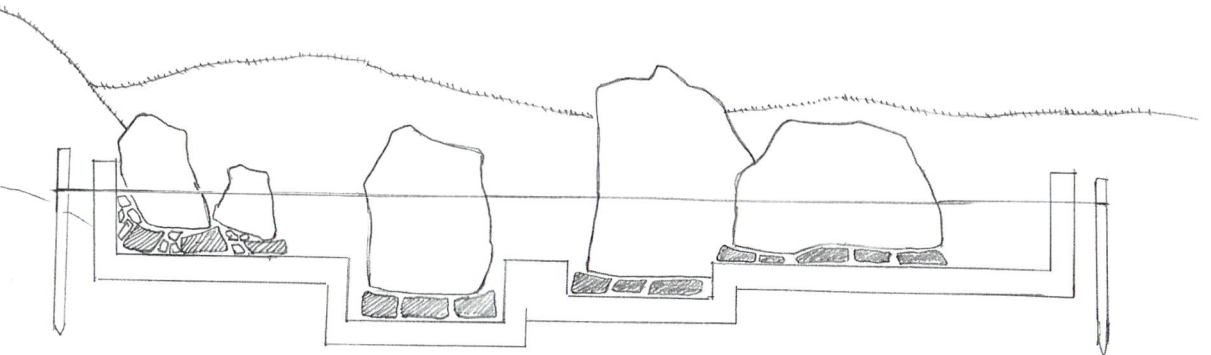

Wasser herausragen werden und ob
sie im richtigen Verhältnis zum Wasserspiegel und zu den Ufern stehen.

Für einen zusätzlichen Effekt sorgen die
jetzt auch bei uns in Mode gekommenen
großen bunten Karpfen, die man sogar
auf japanisch *koi* nennt, was nichts anderes heißt als Karpfen. Sie werden
importiert, aber auch schon in Europa
gezüchtet. Sie brauchen einen pH-Wert
von 7,5 und der Teich muss mindestens
1,80 m tief sein, damit die Karpfen gut
über den Winter kommen.

Oben:
Einsetzen von Felssteinen
in den Teich; künftiger
Wasserstand wird mittels
Schnur festgelegt.

Mitte:
Kois sind auch
bei uns beliebte
Teichbewohner.

Links:
Felseninsel in einem
kleinen Teich.

小池

Rechts:
Steintransport
mit Gerät.

Unten:
Steinbewegen
mit Rundhölzern.

Seite 75 links unten:
Steinesetzen
mit Kettenrolle.

Seite 75 rechts oben:
Steine in die richtige
Position bringen.

Seite 75 rechts unten:
Steine feststampfen.

Transport großer Steine für eine Felseninsel oder andere Steingruppen

Für den Transport großer Felssteine sollte man schweres Gerät möglichst vermeiden. Das gilt übrigens für alle Gartensteinsetzungen, gleich um welchen Gartentyp es sich handelt. Man verwende höchstens einen kleinen Kran mit langem Ausleger, der auf Raupen läuft. Besser wäre noch der altertümliche Transport mit Hilfe von Rollen, der Stein und Gelände schont. Zum Platzieren der Steine am endgültigen Standort dient eine einfache Winde aus drei Rundhölzern und eine an Ketten aufgehängte Rolle. Diese erlaubt es, den an der Rolle mit Gurten aufgehängten Stein im Schwebezustand millimetergenau zu bewegen und zu setzen. Dies ist wichtig, da alle Steine so ausgerichtet werden müssen, dass sie von der Hauptbetrachtungsseite, also vielleicht vom Haus aus, am eindrucksvollsten wirken. Die schönste und interessanteste Seite ist dazu als Hauptschauseite auszuwählen.

Größe, Höhe und Umfang der Steine kann man selten vorherbestimmen, auch
nicht die Abstände zueinander. Es handelt sich ja um Naturmaterial. So muss
man mit dem arbeiten, was man bekommt und dann vor Ort entscheiden – aber
das beflügelt ja auch die eigene Kreativität. Auf einen Unterbau kann man große
Kiesel legen und drei große Steine platzieren oder nur große Felssteine.

Das gilt auch für alle anderen größeren
Steinsetzungen. Sollten die Steine vielleicht zu niedrig sein, können sie mit
einem Unterbau aus Steinbrocken etwas
erhöht und dieser mit wasserresistentem
Zement gesichert werden.

遣り水

Bachlauf

Wenn man als Wasser-
eintritt in den Teich einen
kleinen Bachlauf anlegen
möchte, sollte man diesen
ebenfalls möglichst natürlich
gestalten und dem Gestaltungs-
prinzip des Teichs anpassen. Der
Boden des Baches wird wie der Teichboden abgedichtet und mit Steinen sehr verschiedener Größe ausgelegt.
Dabei muss auch das Gefälle beachtet werden.
Wenn es nötig und möglich ist, sollte eine
kleine Staustufe eingebaut werden,
das gibt dem Bachlauf einen interessan-
ten Aspekt. Lockere, wie zufällig wirkende
Steingruppen sollten das Ufer befestigen und

流れ

Oben:
Bachlauf mit Steinen
am Ufer und mit Steinen
ausgelegt.

Rechts:
Bauchlauf, Isui-en,
Kagoshima.

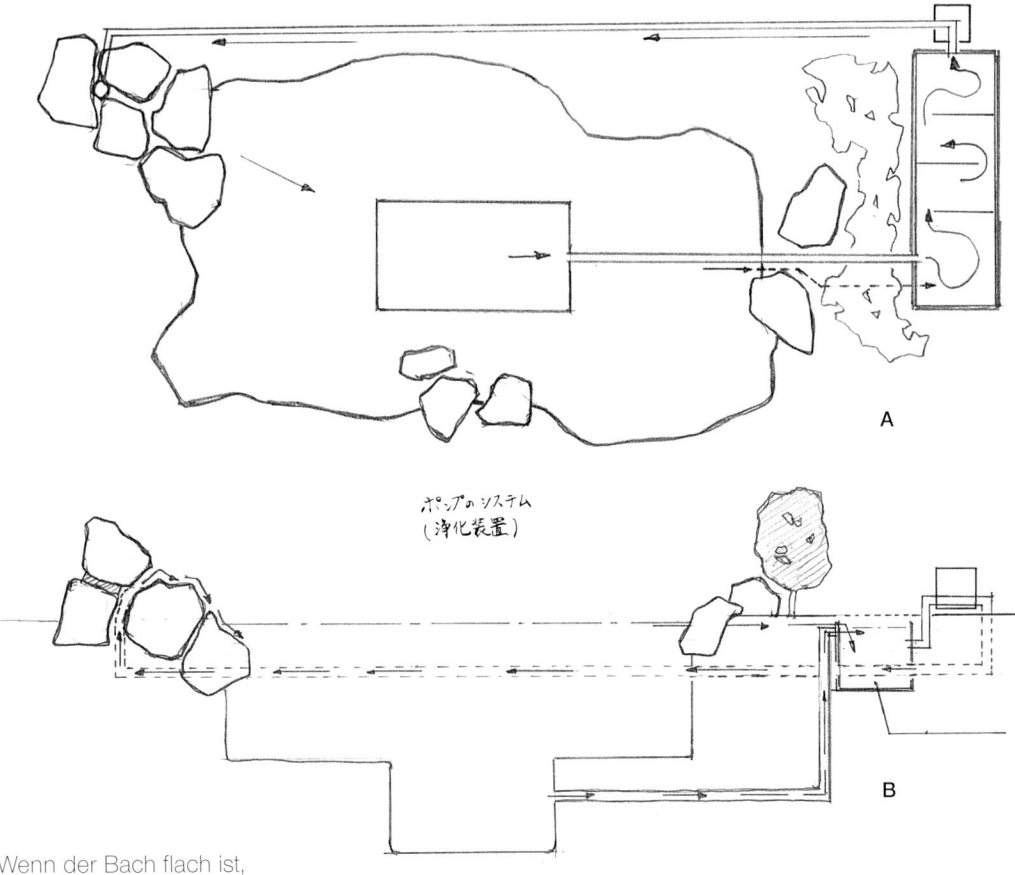

A

ポンプのシステム
（浄化装置）

B

begleiten. Wenn der Bach flach ist,
sind keine allzu großen Sicherheits-
maßnahmen nötig.

Entlang des Bachlaufs kann man da und dort ganz natürlich ein paar kleinere
Pflanzen setzen, zum Beispiel niedrig gehaltenes Buschwerk oder Gräser
wie Federborstengras (Pennisetum). Iris eignet sich ebenfalls, an einer kleinen
Biegung machen sie sich besonders gut. Dann allerdings sollte man nicht zu
viele Gräser verwenden. Das Wasser muss in einem solchen Bach nicht mit
voller Kraft dahinströmen, sondern es kann langsam über die Steine dahin-
plätschern. Für den Wasserzulauf bzw. -regulierung ist es wieder am einfachsten
eine Umlaufpumpe einzusetzen, die man geschickt hinter Steinen verbergen
sollte. Alternativ kann man eine Siphonpumpe installieren, wie sie Makioka
Kazuo vorschlägt.

Pumpsystem nach
der Siphontechnik:
A: von oben nach unten:
Pumpe, Reinigungs-
installation, Siphon-
pumpe, overflow.
B: Pumpe, Reinigungs-
installation, overflow,
Siphonpumpe,
Wasserspiegel.

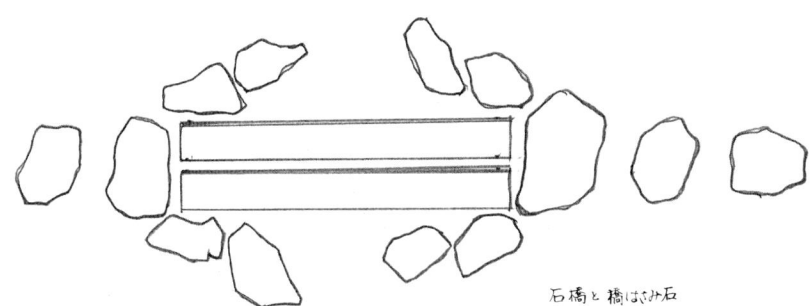

石橋と橋はさみ石

Steinbrücken nur
aus Hausteinplatten.
An beiden Ufern
sind die Auflagen
von so genannten
„Scherensteinen"
flankiert.

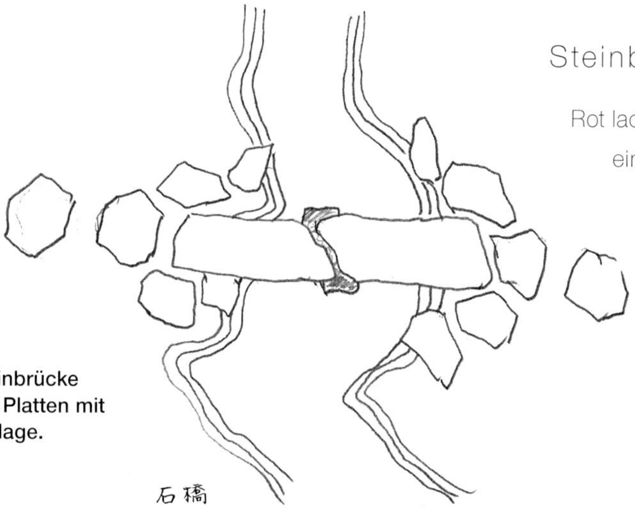

Natursteinbrücke
aus zwei Platten mit
Mittelauflage.

石橋

Steinbrücken

石組

Rot lackierte Bogenbrücken kommen in
einem europäischen Garten japanischen
Stils kaum in Betracht, das wäre nur
Exotismus, zumal es bei uns an
den dazu nötigen ausgebildeten
Handwerkern fehlt. Aber Natur-
steinbrücken aus einfachen
gebrochenen Platten – manchmal genügt schon eine – sind
sehr wirkungsvoll. Für eine solche Steinbrücke bietet ein Bach
die beste Gelegenheit. Sie ist
ein sehr typisches Element des
japanischen Gartens und wirkt
dabei lange nicht so exotisch
wie eine rot lackierte Brücke,
zumal man auch in unseren Breiten
gelegentlich solche Stege findet.

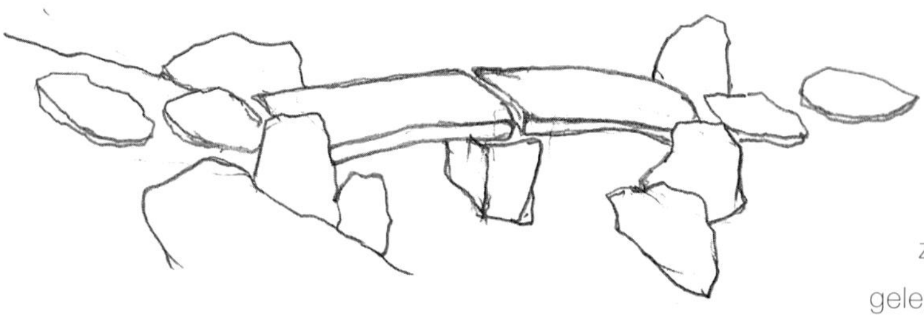

Links:
Steinbrücke aus zwei
Natursteinplatten,
Chishaku-in, Kyoto.

Unten:
Hausteinbrücke,
gebogen, Shoren-ji,
Kyoto.

Eine einfache gebrochene Steinplatte wird auf beiden Ufern aufgelegt und eventuell mit Kieseln unterstützt um die Höhenunterschiede auszugleichen. Dort, wo die beiden Platten aufliegen, werden rechts und links zwei größere Steine aufrecht als so genannte „Scherensteine" gesetzt und eingegraben. Benötigt man zwei Platten um den Bach – oder eine Teichbucht – zu überqueren, muss im Wasser eine Auflage geschaffen werden. Hierzu eignet sich am besten ein Sockel aus Naturstein, der oben etwas abgeflacht ist, so dass die beiden Brückenplatten gut aufliegen. Wenn nötig, kann man sie mit etwas Zement befestigen. Es schadet dabei nichts, wenn der Sockel rechts und links unter den beiden Platten hervorschaut. Elegant wirkt eine leicht gebogene Brücke aus Haustein, aber sie muss groß genug sein.

Die achtfach gebrochene Holzbrücke

Eine sehr interessante Brücke und relativ leicht herzustellen ist die *hatsuhashi*, die „achtfach gebrochene Brücke". Sie ist typisch japanisch und sehr romantisch, da sie an das berühmte Ise-monogatari erinnert, die Geschichte eines Kavaliers aus dem 10. Jahrhundert, der fern der Hauptstadt an einer solchen Brücke über einem Schwertliliensumpf oder Delta Rast machte und seiner Geliebten gedachte. Für eine solche Brücke setzt man Rundholzpfosten einander gegenüber, einmal in kurzem, einmal in weiterem Abstand, einmal nach rechts, einmal

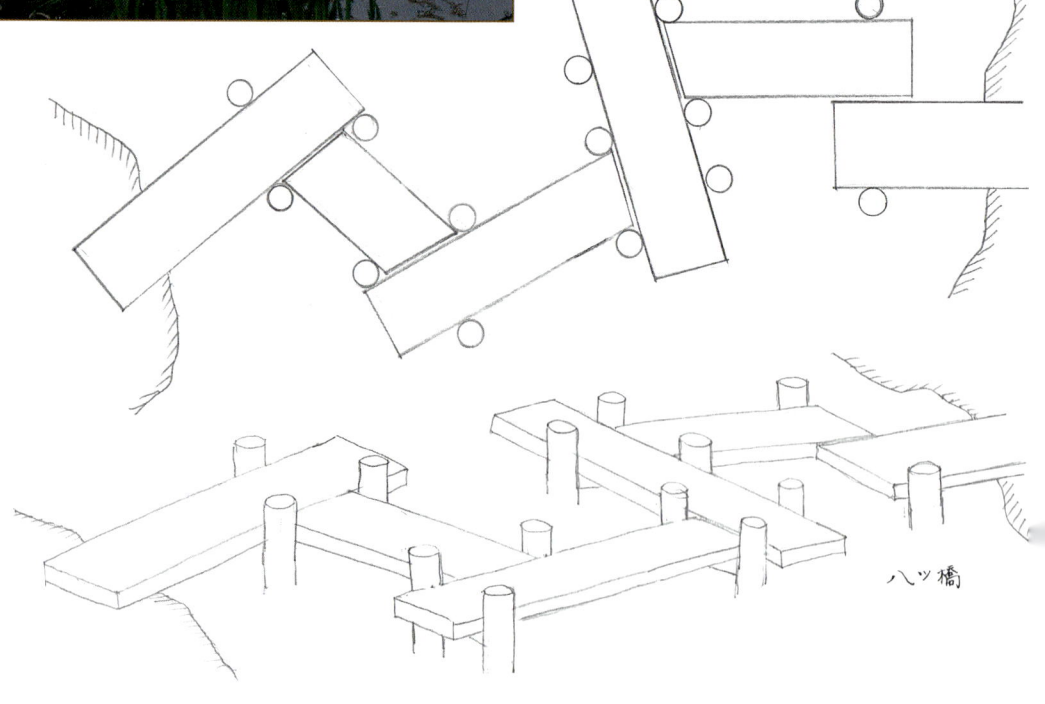

八ツ橋

nach links versetzt, verbindet sie mit Auflagenhölzern und legt versetzt darüber die Brückenbretter.

Diese Brücke eignet sich für eine schmale Bucht oder einen Bach mit einer Irisanpflanzung. Als Holz verwendet man am besten Thuja. Die Pfosten müssen natürlich eingesetzt werden, bevor der Boden völlig verdichtet ist.

Wasserfall

Eine weitere Möglichkeit des Wassereintritts in den Teich ist der Wasserfall. Hierzu benötigt man ebenfalls wieder eine Umlaufpumpe. Besonders wirkungsvoll ist ein solcher Wasserfall, wenn er im hinteren Teil des Teiches angelegt werden kann, etwas im Grün versteckt, ab und zu durch das einfallende Licht glitzernd aufblitzend. Das verleiht dem Teich, betrachtet man ihn von der entfernteren Seite, etwas Geheimnisvolles.

Es gibt sehr viele verschiedene Möglichkeiten und Stile, einen Wasserfall anzulegen. Immer aber ist der Ausgangspunkt eine Steingruppierung, dazu muss zunächst der Hauptstein ausgesucht werden. In einem kleineren Garten muss es nicht unbedingt ein aufrechter Stein sein, sondern zwei, drei oben abgeflachte, die man stufenartig gruppieren kann. Diese „Stufen" sollten aber nicht unbedingt an eine Treppe erinnern, sondern etwas versetzt aufgebaut werden. Das Wasser wird so gesteuert, dass es von einer Stufe zur anderen fließt. Die Steine werden im Boden verankert oder auch mit Zement befestigt, der dann wieder mit lockeren Kieselsteinen kaschiert wird.

Seite 80 oben:
Achtfach gebrochene Bretterbrücke *hatsuhashi*, Koraku-en, Tokyo.

Seite 80 unten:
Bretterbrücke *hatsuhashi*. Im Folienteich ist diese Brücke kaum zu realisieren. Die Pfosten müssten direkt in Beton oder Zement gesetzt werden. In Japan verwendet man dafür Holz von einer Art Lebensbaum Thuja, *Thujopis dolabrata*. Aber auch andere wasserfeste Hölzer sind möglich.

Unten:
Wasserfallsteine im Aufbau, Meran.

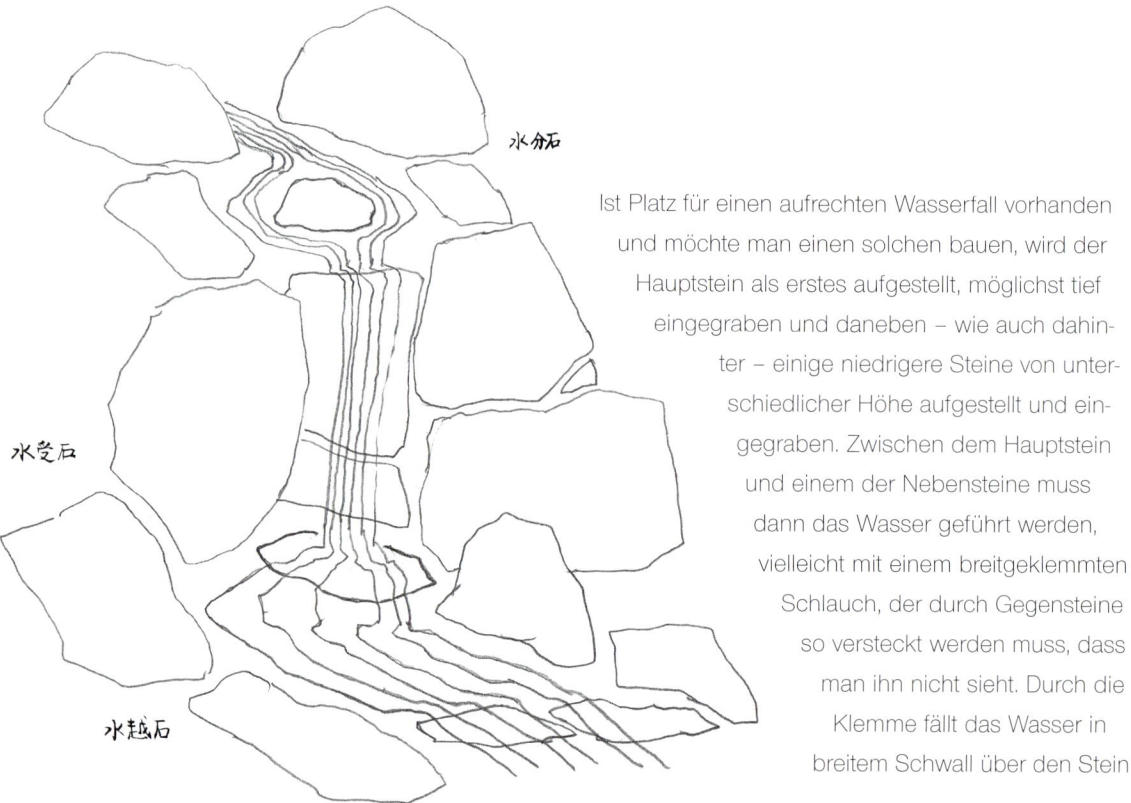

水分石

水受石

水越石

Ist Platz für einen aufrechten Wasserfall vorhanden und möchte man einen solchen bauen, wird der Hauptstein als erstes aufgestellt, möglichst tief eingegraben und daneben – wie auch dahinter – einige niedrigere Steine von unterschiedlicher Höhe aufgestellt und eingegraben. Zwischen dem Hauptstein und einem der Nebensteine muss dann das Wasser geführt werden, vielleicht mit einem breitgeklemmten Schlauch, der durch Gegensteine so versteckt werden muss, dass man ihn nicht sieht. Durch die Klemme fällt das Wasser in breitem Schwall über den Stein

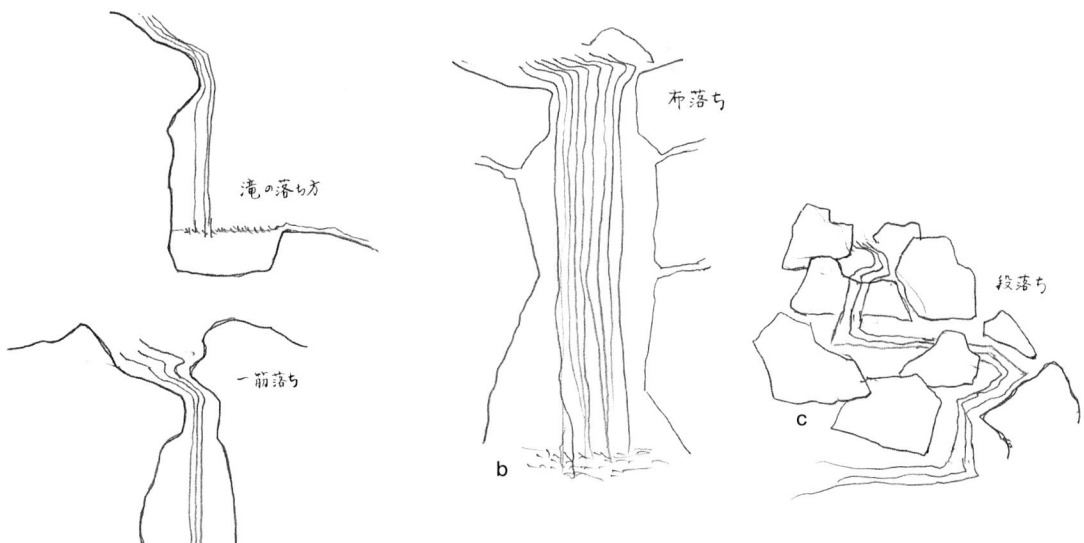

滝の落ち方

布落ち

段落ち

c

一筋落ち

b

a

und sieht natürlicher aus. Das gleiche gilt auch für die dort unterzubringende Umlaufpumpe. Im Tosbecken vor dem Wasserfall sollten, wenn es groß genug ist, dem Strahl ein, zwei Steine entgegengestellt werden. Das ergibt ein interessantes Wasserspiel und ein glitzerndes Versprühen, wenn der Strahl auf einen der Steine auftrifft. Durch die sich ständig verändernden Wasserringe entsteht eine bewegte Oberfläche.

Oben:
Verschiedene Arten des Wasserfallens von rechts nach links:
a) Streifenartiger Fall (Seitenansicht und Vorderansicht),
b) Tuchfall,
c) Stufenfall.

Die Modulation des Bodens der Teichumgebung

Wenn man den Teich nicht wie einen Pfannkuchen flach auf der Wiese liegen haben möchte, sollte man das umgebende Gelände leicht modellieren. Dazu kann man den Aushub benutzen und damit ansteigende Hügel aufbauen oder auch nur leichte Bodenwellen modulieren. Nach gründlichem Feststampfen muss alles mit Mutterboden bedeckt werden.

Zum Beispiel kann man die Seite zwischen Haus und Teich zum Teich hin leicht abfallend gestalten, während man im hinteren Teil des Gartens Hügel mit unterschiedlich hohen „Gipfeln" anlegt oder einen gewellten, sich lang hinziehenden niedrigen „Kamm" – ganz wie es sich ergibt und welche Vorstellungen man realisieren möchte. Wichtig ist, dass diese Hügel, sobald sie ihre endgültige Gestalt gewonnen haben, lange gestampft werden, damit sie diese nicht so schnell nach zum Beispiel einem starken Regen verlieren. Zum Stampfen kann man einfache Rundhölzer oder einen im Fachhandel erhältlichen Stampfer benutzen.

Seite 82 oben:
Wasserfallsteine:
a) Wasserteilstein,
b) Wasserempfangsstein, Übersteigstein.

Seite 82 links unten:
Wasserfall, Nanzen-in, Kyoto.

Seite 82 rechts unten:
Wasserfall Jisho-jo, Kyoto.

Steingruppierungen in einem Teichgarten

Auch in einem Teichgarten kann man eine aufrechte Steingruppe bestehend
aus drei bis fünf oder mehr Steinen aufstellen, zum Beispiel auf einem der Hügel
oder leicht seitlich, wenn ein anderer Hügel sich etwas davorschiebt. Die Technik
der Steingruppierung *ishigumi* wird auf Seite 93 ff. ausführlich beschrieben.

Für einen Teichgarten geringeren Ausmaßes sollte man sich vielleicht doch lieber
an den Stil des Nanzenji-Gartens halten, obgleich dieser ein Trockenlandschaftsgarten ist. In diesem finden sich natürlich verteilte niedrige Felssteine (s. Seite 49),
wie sie in einer realen Landschaft vorkommen, vielleicht zwei, drei zusammengestellt, ergänzt durch Anpflanzungen wie
niedriges, rundgeschnittenes Buschwerk.

**Paviment aus gebroche-
nen Steinen und Groß-
kieseln, Koraku-en,
Tokyo.**

Weggestaltung –
Pavimente und Schrittsteine

Ist die Gartenanlage einmal so weit
gediehen, sollte man sich die Ausgestal-
tung der Wege vornehmen, die aber im
Gesamtentwurf schon eingezeichnet und
im Gelände auch markiert sein müssen.
Natürlich kann man es auch bei einfachen Kieswegen belassen, die dann
aber wenigstens in eleganten, lebendigen
Kurven geführt werden sollten. Man
verwendet hierzu feinen grauen oder
gelblichen Kies, nicht zu eintönig in der
Farbe. Auf schneeweißen aus Marmor
gewonnenen Kies sollte man verzichten,
er wirkt etwas steril. Der Boden muss
zuvor natürlich festgestampft werden,
eventuell auftretendes Unkraut ist gründ-
lich zu entfernen.

Pavimente  の べ 壇

Eine andere, sehr interessante Weggestaltung kann man durch Pavimente
sowie Schrittsteine erreichen. Pavimente
sind hier ein aus in unterschiedlichen
Formen geschnittenen Steinplatten oder
aus Natursteinen verschiedener Art
zusammengesetzter Wegbelag. Mit
diesen Pavimenten – japanisch *nobedan*
genannt – haben die japanischen Gartenmeister eine hohe Kunst entwickelt,
die nicht selten an abstrakte moderne
Gemälde heranreicht.

Diese Pavimente bestehen oft aus un-
gewöhnlichen Steinkombinationen, wie
man sie in europäischen Gärten wohl nie
anwenden würde, ja man könnte sich
gar keine Vorstellung davon machen –
es sei denn, man habe sich schon dem
japanischen Einfluss ausgesetzt. In
einem größeren Garten kann man die
Wege durchgehend damit gestalten,
natürlich nicht gleichförmig. Oder
man legt solche Pavimente als
Teilstücke an und wechselt mit
Kieswegen oder Schrittsteinen.
Ein Teilstück kann man beispielsweise vom Gartentor
bis zum Hauseingang an-
legen oder auch nur ein
kurzes Stück vor der Front
des Eingangs, von dem man dann

Foto oben:
Paviment aus Hau-
steinen und Großkieseln,
Koraku-en, Tokyo.

Zeichnung:
Paviment aus ver-
schieden großen
Bruchsteinplatten.

飛石

Rechts:
Schrittsteine aus
gebrochenen
Natursteinplatten,
Geradeaus-Form.

Unten:
Schrittsteine
tobiishi,
Katsura-Villa,
Kyoto.

直打ち

Schrittsteine ausgehen lassen kann. Das wendet
man vor allem in Teegärten an.

Faszinierend ist zu sehen, wie kühn nicht einfach nur
rechteckig geschnittene Steinplatten und unbearbeitete
Natursteine miteinander kombiniert werden können. So
kann man lange, schmale geschnittene Steinplatten im Abstand
gegeneinander versetzt einbringen und den mittleren frei gebliebenen Teil mit unbearbeiteten Natursteinen verschiedener Größe
ausfüllen. Dabei muss allerdings darauf geachtet werden, dass die
Natursteine nicht willkürlich gelegt werden, denn ihre Kanten sollten auf
eine gewisse Weise zusammenpassen, sozusagen „einander antworten".
Das heißt, sie sollten parallel verlaufen oder, wenn die Kontur gebrochen ist,
sollten Sie einen Stein suchen, der sich einpassen lässt. Auch gebrochene
Steinplatten ergeben ein interessantes Muster, wie auch in verschiedene Formen
und Größen geschnittene Platten. Verlegt werden diese Steine in eingestampften
groben Kies, direkt in den lehmigen Boden oder in einen Zement- oder Mörtel-
strich. Das gilt besonders für die Kurz-
pavimente. Oft bildet sich Moos zwischen
den Ritzen der Steine, was einen zusätzlichen, fast malerischen Reiz ergibt. Man
sollte es nicht entfernen.

Schrittsteine tobiishi 飛石

Schrittsteine *tobiishi* sind im Westen
besonders beliebt und haben hier sogar
eine gewisse Eigenständigkeit erlangt,
doch verleihen gerade sie einem Garten
die japanische Note. Allerdings gehören
sie, wie gesagt, besonders zum Teegarten und werden in diesem Kapitel
noch einmal ausführlich behandelt.
Hier nur so viel: es handelt sich dabei um

gebrochene Natursteinplatten von einiger Dicke, deren eine Oberfläche relativ glatt sein sollte. Konturenmäßig können sie zur runden, zur eckigen Form und sogar zur Dreiecksform tendieren. Sie werden meist in gebrochenen Linien aneinander gereiht (siehe Seite 119), was einen gewissen Rhythmus ergeben sollte. Die Abstände müssen dem Schritt des Menschen angepasst werden und sie sollten auch nicht zu hoch über der Bodenfläche stehen. Sie werden in die Erde eingegraben und in frostgefährdeten Gegenden setzt man sie in ein Kiesbett.

Schrittsteine *tobiishi*, Taima-dera, Nara.

Bepflanzung

Die Bepflanzung wird als letztes vorgenommen. Für einen japanischen Garten ist jedoch nicht die botanische Gestaltung oder die Sorte einer Pflanze das Wesentliche, sondern entscheidend ist die Form, die zum Landschaftsbild passen und sie als solche mit gestalten muss. Deshalb findet man vor allem auch in den kleineren japanischen Teichgärten nur wenige verschiedene Pflanzengattungen. Wichtigster Gartenbaum ist die Kiefer, zum Beispiel die Rotkiefer Akamatsu *(Pinus densiflora)*. Sie ist Symbol des langen Lebens und beliebt wegen ihrer malerischen Form, die

**Nijojo-Schloss,
Ufer mit reichem
Pflanzenbestand.**

an die Bäume auf chinesisch-japanischer Tuschmalerei mit Landschaftsdarstellungen erinnern. Sie ist besonders wirkungsvoll, wenn sie nur wenig beschnitten wurde. Man kann sie aber auch in die verschiedensten Formen ziehen, beispielsweise als lang gestreckte Einzelzweige oder an den Zweigenden zu runden Polstern, wenn man sie auf runde Bambuskorbteller bindet. Solche formgezogenen Bäume sind auch bereits in unseren Baumschulen zu haben.

Zur Kiefer gehört unbedingt der Ahorn, besonders *Acer palmatum dissectum*, dessen Blätter sich im Herbst purpurrot färben und dem Garten einen strahlenden Glanz verleihen. Sie sollten am Teich und auch an den Hügeln sowie auf der Insel angepflanzt werden, obgleich dort den Kiefern der Vorzug zu geben ist.

Die Lavendelheide *(Pieris japonica)* lässt sich gut an gewissen Ecken einsetzen, so auch in der Nähe des Bachlaufs. Dort macht sie sich besonders gut. Beliebt in japanischen Privatgärten sind seit einiger Zeit der weiße, gefüllte Schneeball – das heißt verschiedene *Viburnum*-Arten wie *Viburnum odenari* – und blau blühende Hortensien *(Hydrangea villosa)* – die tellerförmigen wie die gefüllten. Mit diesen Sträuchern kann man, bei entsprechendem Grundstück, ganze Hänge besetzen.

Sehr reizvoll sind die zarten Ruten des Süßklee *(Lespedeza thunbergii)*. Zierpflaumen und -Kirschen werden nur in seltenen Fällen in einen solchen Garten eingebracht, in großen Parks aber bilden sie manchmal ganze Haine mit mehreren hundert Sorten. Auch Glyzinien *(Wisteria floribunda)* findet man eher außerhalb oder im Vorfeld der Gartenanlage. Azaleen, die heute botanisch meist als Rhododendron bezeichnet werden, geben mit ihren kleinblättrigen Sorten wie zum Beispiel *Rhododendron impeditum* das ideale Material ab für in Form zu schneidendes Buschwerk, was je nach Größe selbst Landschaftsformen darstellen kann. Sie können zu Kugeln oder Würfeln geschnitten werden. Zu Hügeln geformt sind sie besonders wirkungsvoll, vor allem dann, wenn nicht alle Blüten gleichzeitig aufgehen, so dass diese Hügel dann wie bestickt erscheinen.

Kamelien *(Camellia japonica)* setzt man in großen wie in kleinen Gärten gern als Solitär ein, aber vor allem auch als Umfriedungshecke, da sie mit ihren wie lackiert glänzenden Blättern einen guten Hintergrund abgeben. Doch für Europa sind nicht alle Sorten winterhart. Hier überstehen sie den Winter nur, wenn sie sehr geschützt stehen können und sind also nicht als Hecke verwendbar. Genauer gesagt, in Gegenden wo starke Ostwinde herrschen und im Winter die Temperatur auf minus 20 Grad absinken kann, sollte man lieber auf Kamelien verzichten. Auf jeden Fall aber sollte man sich mit der örtlichen Baumschule beraten, die geeignete Exemplare von Spezialbaumschulen beziehen kann.

Verschiedene *Iris*-Sorten wie Shobu oder Kakitsubata *(Iris ensata* oder *Iris japonica* Thunb. und *Iris laerigata* Fish) – am Bachlauf oder Teichufer eingesetzt –, verleihen dem vorwiegend von Grün beherrschten Garten zur Sommerzeit zarte, farbige Akzente.

Es bietet sich natürlich an, auch Bambus in einen solchen Garten hineinzunehmen. Jedoch sollte er nur sparsam verwendet werden, am besten dort, wo eine weiße Mauer noch frei steht, vor der er sein grafisches Schattenspiel voll entfalten kann. Allerdings muss man darauf achten, dass man eine winterharte Art auswählt, zum Beispiel *Fargesia spatacea* oder *Sinarundinaria nitida*. Doch sollte man sich bei der nächsten Baumschule erkundigen, welcher sich für den jeweiligen Standort am besten eignet.

Zur Einfriedung verwendet man gern immergrünes Buschwerk, nicht Nadelhölzer wie die hier zwar sehr praktischen, aber bis zum Überdruss angepflanzten Koniferen. Da Kamelien eben leider zu anfällig sind, wird man sich mit dem schnell wachsenden Liguster begnügen müssen, und zwar für alle Gartentypen. Er kann ebenfalls einen guten Hintergrund für das „Gartenbild" abgeben.

Die bodendeckende Bepflanzung, die ja für die Uferhügel wichtig wäre, ist in unseren Breiten nicht so ganz einfach. Man kann natürlich jede frei bleibende Fläche

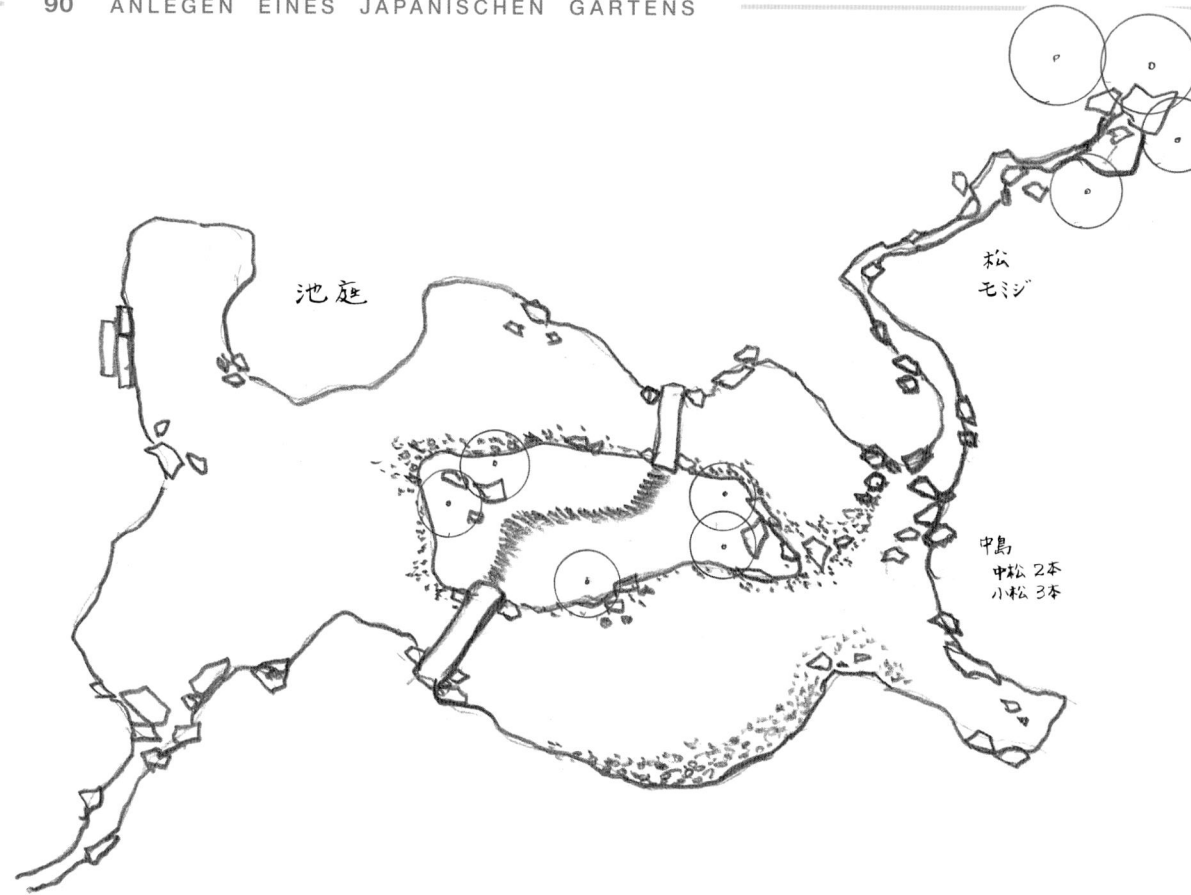

池庭

松
モミジ

中島
中松 2本
小松 3本

**Entwurf
einer Teichan-
lage mit Mittelinsel,
die durch zwei Brücken
mit den Ufern verbunden
ist. Bepflanzung: am
oberen Wassereinlauf
Kiefern und Ahorn, auf
der Insel zwei mittlere
und zwei kleine Kiefern.**

mit Rasen einsäen, aber das Mähen wäre dann recht schwierig, besonders wenn das Gelände zu Hügeln modelliert wurde. Moos benötigt sehr viel Feuchtigkeit und wächst selten zu einer glatten Fläche zusammen, doch könnte man es in kleinen Bereichen versuchen (siehe Seite 138). Als Bewuchs für Hügel bietet sich das niedrige Bambusgras Sasa in verschiedenen Sorten an, zum Beispiel Kumazasa, *Sasa veichii*, das auch in unseren Baumschulen zu haben ist und sich durch Schneiden kurz halten lässt.

Ausstattungsstücke

Mit Ausstattungsstücken sollte man in einem Teichgarten etwas zurückhaltend sein. Eine kleine Steinlaterne für das *suhama*-Ufer wurde schon erwähnt. Im hinteren Teil des Gartens könnte man noch, vom Grün halb versteckt, eine größere Steinlaterne aufstellen. Aber auf religiöse Symbole wie Pagode oder Tahoto ist lieber zu verzichten.

Nochmals: Ein japanischer Garten wird nicht durch solche Versatzstücke zu einem solchen, sondern es ist die Gestaltung zum Landschaftsbild, die einen Garten zu einem japanischen macht.

Das Anlegen eines Betrachtungsgartens als Trockenlandschaftsgarten

Während der chinesische und japanische Teichgarten durch seinen Einfluss auf die Entwicklung des englischen Gartens uns nicht sehr fremd erscheint, man sogar vergaß, wo der englische Garten seine Wurzeln hat und ihn für eine Erfindung der Engländer hält, ist der reine Betrachtungsgarten und da vor allem der Trockenlandschaftsgarten *karesansui* etwas Außergewöhnliches und für viele etwas Fremdes. Ein solcher Gartentyp hat sich in dieser Form in keiner anderen Weltgegend entwickelt. Viele Gartenliebhaber werden von ihm angezogen. Manche von ihnen, wie auch die Kunstliebhaber, sind schon so in das Phänomen Trockenlandschaftsgarten eingedrungen, dass sie den Kunstwerkcharakter eines solchen Gartens erkannten, ausgedrückt in der Abstraktion der Formen, in der Konzentration auf das Wesentliche. Dies Wesentliche ist hier die Kraft der Natur, die in Berg und Wasser, sich in der Landschaft manifestiert und in die der Mensch eingeordnet ist. Durch die Elimination des Unwesentlichen strahlt eine solche Gartenkomposition eine ungeheure Ruhe aus, die den Menschen auf sich selbst zurückführt, zur „Meisterschaft über sich selbst", zur „Harmonie mit dem Weltganzen und der Erfahrung des Kerns der Dinge", was man durchaus als die Essenz des Zen bezeichnen kann (siehe Seite 11).

Für das Anlegen eines solchen Gartens sind keine besonderen technischen Maßnahmen nötig, umso genauer muss man sich zuvor seine Gestaltung überlegen. Denn alle Einzelheiten müssen zu einem „Bild" komponiert werden, sich zu einem Ganzen fügen. Nichts Unstimmiges darf sich in die Komposition einschleichen. Ein formales Grundprinzip der Gestaltung ist das asymmetrische Verhältnis der einzelnen Elemente zueinander. Das gibt dem „Bild" eine gewisse Offenheit, die aber in sich stimmig und ausbalanciert sein muss, das heißt der Entwurf darf nicht auseinander fallen.

Materialien

Die Materialien sind einfach: Steine, Erde so weit nötig, Kies und Sand und nur wenige Pflanzen. Hier kämen zum Beispiel kleine Kiefern, auch Azaleen wie *Azalea*

japonica bzw. Rhododendron in verschiedenen Sorten in Frage. Häufig sind sie
in Form geschnitten, kugelig oder eckig oder zu Hügeln zusammengestellt. Der
japanische Begriff für Formschneiden *karikomi* hat sich auch bei uns schon ein-
gebürgert und wird von Gartenarchitekten gern benutzt. Die *karikomi*-Büsche
haben das Landschaftsbild zu ergänzen. Oft stehen sie in engem Zusammenhang
mit den Steingruppierungen. Man kann aber auch Buchsbaum *(Buxus micro-
phylla)* oder anderes schneidbare immergrüne Buschwerk verwenden, wie zum
Beispiel Liguster *(Ligustrum vulgare* ‚Atro‘). Das *karikomi*-Schneiden verläuft nicht
viel anders als unser Formschneiden. Nur sollte man auf die elektrische Schere
verzichten und lieber mit einer Handschere arbeiten, weil man dann sensibler
reagieren kann. Liguster wird von Ende Mai bis September geschnitten, die
Azaleen im Frühsommer nach der Blüte und Buchs am besten im August.

Für diesen Gartentyp spielt wie gesagt die Botanik eine weit geringere Rolle
als im Teichgarten. Hier kommt es vielmehr noch deutlicher auf die Form an,
die ein Landschaftsbild ergeben soll. Das *karikomi* findet zwar auch in anderen
Gartentypen Verwendung, spielt aber in den Trockenlandschaftsgärten eine
Hauptrolle.

Das einzige technische Problem, das vor dem Anlegen des Gartens bedacht
werden sollte, ist das Ableiten des Regenwassers, falls nicht schon wie in
manchen großen Städten ein Regenwasserkanal vorhanden ist. Zu diesem
Thema muss natürlich ein Fachmann konsultiert werden.

Planung

Als erstes empfiehlt es sich auch hier, einen Plan zu zeichnen, der möglichst
schon von Anfang an alle gewünschten Einzelheiten enthält, zumal die Grund-
stücke für diese Gärten meist nicht sehr groß sind und auch nicht groß zu
sein brauchen. Andererseits sollte der Plan noch so weit offen bleiben, dass
er den Gegebenheiten, wenn nötig, angepasst werden kann und Variationen,
Änderungen und Weglassen zulässt. Bei der Planung und erst recht bei der
Gestaltung muss jedoch jedem noch so kleinen Detail große Beachtung
geschenkt werden.

Das Wichtigste dabei ist, dass man weiß, von wo aus der Garten betrachtet werden soll, von diesem Betrachtungspunkt ausgehend wird das „Bild" komponiert. Denn außer zu notwendigen Gartenarbeiten betritt man dieses „Bild" ja nicht.

Für einen solchen Betrachtungsaspekt wäre es günstig, wenn die Front des Hauses, vor der sich der Garten ausbreiten soll, bis zum Boden reichende Glasscheiben bzw. Schiebetüren besäße und auch das Zimmer auf diesen Blickpunkt hin eingerichtet würde, damit man den Garten auch im Winter betrachten kann. Durch verschiedene Laubfärbungen oder Schnee auf den Zweigen und Steinen entfaltet er im Herbst und im Winter einen ganz besonderen Reiz. Ideal wäre es, wenn am Erdgeschoss der Gartenfront des Hauses ca. 60 cm über dem Boden eine nicht zu breite, geländerlose „Veranda" angebracht werden könnte. Voraussetzung ist natürlich, dass sich dies mit der vorgegebenen Architektur des Hauses bewerkstelligen lässt und die hiesige Baubehörde keine Einwände hat. Es wäre aber auch schon wirkungsvoll, eine nur etwa ein Drittel der Front einnehmende quadratische Plattform als eine Art Austritt anzubringen. Beides kann aus schmalen Holzlatten von jedem Schreiner hergestellt werden.

Steinsetzungen

Hat man nun den Betrachtungspunkt gefunden, wobei man bei einer längeren Veranda durch Positionswechsel auch einige Blickpunktvariationen mit bedenken sollte, kann man mit der Vorbereitung und der Gestaltung des Bodens für die Steinsetzungen beginnen, je nachdem, ob man sich einen ganz flachen, einen leicht modellierten oder sogar einen Hügelgarten vorstellt. Das Konzept für die Steinsetzungen hängt natürlich von der Lage, den Konturen und Abmessungen des Grundstücks ab. Man sollte aber nicht der Versuchung unterliegen, zu viele Steine in den Garten packen zu wollen.

Für die Steingruppierungen *ishigumi* müssen wieder zunächst alle notwendigen Steine herbeigeschafft und so ausgebreitet werden, dass sie von allen Seiten betrachtet werden können. Denn schon am Anfang sollte festgelegt werden, welcher Stein aufrecht und welcher liegend verwendet werden kann. Gleichzeitig

**Oben:
Steine setzen.**

**Unten:
Steine feststampfen.**

muss man erkennen, welches die Schauseiten eines Steines ist, denn meist hat er nur eine. Die Oberfläche darf nicht zu glatt sein, sondern muss eine gratige Struktur aufweisen, am besten mit rechtwinkligen Zacken und Abbrüchen. Auch ihre Konturen sollten so aussehen. Man sollte sich bei ihrem Anblick an die Darstellungen zerklüfteter Gebirge in der chinesisch-japanischen Tuschmalerei erinnert fühlen. Eine künstliche Bearbeitung mit dem Meißel, um eine solche interessante Gestalt eines Felsens zu erhalten, ist in der japanischen Gartenkunst nicht erlaubt. Als Steinmaterial eignen sich sowohl Granit wie auch Basalt und einige andere. Das beste ist den nächstgelegenen Steinbruch aufzusuchen. Wichtig ist, dass die Steine frosthart sind.

Das Aufstellen
der Steingruppen

Wenn man nun eine Vorstellung davon hat, wo auf dem vorbereiteten Gelände Steine einzeln oder in Gruppen platziert werden könnten, sollten die Steine so ausgesucht werden, dass sie sowohl mit den ausgesuchten Plätzen als auch mit ihrer weiteren Umgebung harmonieren. Ein Grundsatz beim Aufstellen der Steine ist, dass alle Steine eingegraben werden müssen, um einen wirklichen Gebirgs-eindruck zu vermitteln. Auf diese Weise kann man auch die Höhen ausgleichen. Es macht nichts, wenn dabei ein Stein bis zur Hälfte oder bis zu einem Drittel im Erdreich verschwindet. Auch ist es nicht falsch, die Haltung des Steins mit Hilfe eines Packlagers aus Steinbrocken zu korrigieren, sie können auch eine Art Frostschutz bilden. Die hier abgebildeten Transport- und Setztechniken zeigen

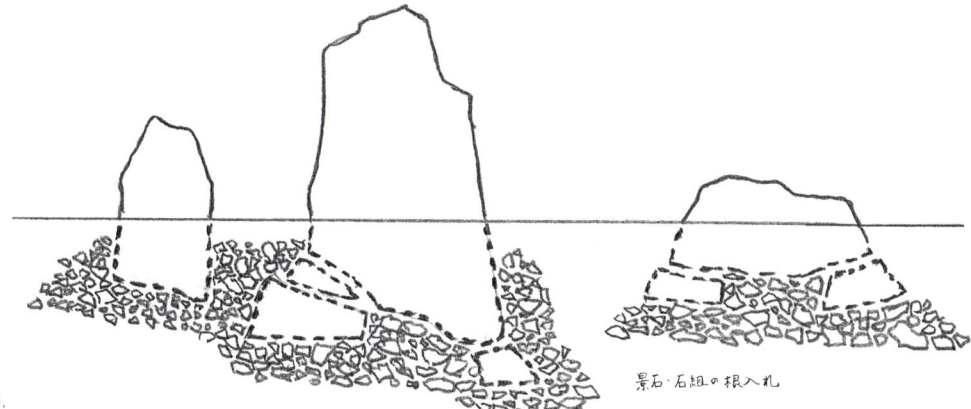

Arbeiten bei der
Anlage verschiedener
japanischer Gärten und
sind in allen Typen gleich.

Für Japaner ist ein Stein etwas Lebendiges, sie können die über die Felsen laufen-
den, nach unten zeigenden Energieströme erkennen und erspüren. Diese werden
aber nur in der richtigen Zusammenstellung der Steine wirksam, was allerdings
nichts mit einem Trend zur Esoterik zu tun hat. Eine solche Vorstellung vermittelt
noch einmal anschaulich, wie Japaner mit ihrer Landschaft leben.

Der Ausgangspunkt einer skulpturalen Gruppengestaltung, die man auch Land-
schaftsinstallation nennen könnte, bildet die Hauptgruppe, die möglichst gut vom
Betrachterplatz aus zu sehen sein sollte, was aber nicht heißt, dass sie einem
direkt vor Augen stehen müsste. Als erstes wird der Hauptstein ausgewählt, an
seinen Platz gebracht und mit seiner Schauseite in Richtung Betrachter aufgestellt
und eingegraben. Nun sollten die Nebensteine in der bereits beschriebenen
Weise hinzugefügt werden.

Das Eingraben und
Sichern der Steinsetzun-
gen und Landschafts-
steine. In Gegenden, in
denen die Winterkälte
ca. minus 20 – 30 Grad
erreicht, sollte ein Kieselbett aus 10 – 30 mm
gebrochenen Kieseln
von ca. 10 – 20 cm Dicke
angelegt werden.

Steingruppierungen
ishigumi, die klassische
Dreiergruppe, Komyo-in,
Kyoto.

Die klassische Dreiergruppe

Die klassische Gruppe ist die Dreiergruppe. Man sagt, sie sollte der Form
einer Buddha-Trias entsprechen, jenen
Kultfiguren in einem buddhistischen
Tempel. Der in der Mitte sitzende Buddha
wird dabei rechts und links von zwei
Bodhisattvas (zukünftige Buddhas) begleitet. Damit soll aber nicht etwa die
Buddha-Trias dargestellt oder symboli-
siert werden, sondern dies ist vielmehr
nur als Form- und Gestaltungshinweis
zu verstehen. Gemeint ist, dass die

Verwendbare Steine

Die Flüsse in Europa sind meist nicht so flach wie in Japan. So führen sie auch nur selten so große Felsbrocken mit sich, die man im Garten japanischen Stils als Gebirgsfelsen oder Landschaftssteine aufstellen könnte. Auch die Findlinge der europäischen Wälder eignen sich nur selten dafür, denn meist sind sie zu glatt und rundlich. Ihnen fehlt die einem Gebirgsfelsen entsprechende gratige Stuktur. Deshalb muss man in Europa auf Steinbrüche zurückgreifen.

Bei den Sprengungen fallen immer einige größere und kleinere Steinbrocken ab, die man als Gartenfelsen verwenden kann. Die meisten Steinbruchbesitzer in Deutschland sind schon auf Kunden, die Gartensteine suchen, eingestellt. Das bedeutet aber auch, dass diese Steine teurer geworden sind. Wurden sie anfangs per Tonne verkauft, werden sie jetzt häufig einzeln berechnet. Doch sind sie wohl lange noch nicht so teuer wie in Japan, wo solche Steine gewissermaßen als Naturkunstwerke behandelt werden und es sogar Sammler dafür gibt.

Beim Aussuchen der Steine – man findet meist am Rande der Sprengtrichter ganz gute Exemplare – muss man darauf achten, dass sie keine Sprenglöcher oder -kanäle aufweisen. Man kann sie selten gut verstecken und wenn sie irgendwo sichtbar bleiben, sieht das nicht gut aus. Auch sollte man keine schieferartigen Steine verwenden. Bei starkem Frost blättern sie regelrecht auseinander und zerfallen.

Sehr gut eignen sich als Gartensteine folgende Steine:

Granit, grau in verschiedenen Schattierungen bis weißlich
Basalt, schwärzlich
Gneis, verschiedene Arten, weit verbreitet vor allem in Mittelgebirgen, bräunlich
Sandstein, gelb-braungrau

Höhenverhältnisse ähnlich der einer Buddha-Trias sein sollten. Wie dort der Buddha ist der Hauptstein der höchste und die beiden Nebensteine sind, wie bei der Trias die Bodhisattva-Figuren, niedriger, aber auch untereinander von unterschiedlicher Höhe.

Nun ist genau darauf zu achten, dass ausgehend von der Oberfläche und vor allem den Konturen, die drei Steine ein Ganzes bilden. Sie dürfen nicht zu dicht beieinander stehen, aber auch nicht zu weit auseinander. Die Konturen sollen sozusagen einander antworten und das Ganze wie ein natürliches Felsgebirge erscheinen. Hat man Hügel modelliert, die dann in eine plane Fläche auslaufen, kann man den Übergang mit ein oder zwei niedrigeren, aber nicht zu flachen, Steinen – sozusagen den „Fuß" dieses Hügels – markieren. Das gibt der Hügellandschaft einen reizvollen Akzent.

Wer besonders wagemutig ist, kann in Anlehnung an den Daisenin-Garten auch sehr große Steine, nicht weit von der Veranda entfernt, aufrichten und die nach hinten sich anschließenden Steine immer niedriger werden lassen, wie in einer perspektivischen Verkürzung, dazu gehört aber schon etwas Erfahrung.

Prinzipien der Steinsetzungen in Zweier-, Dreier- und Fünfergruppe. Stellung- und Größenverhältnisse der Steine in Kontur und Grundplan.

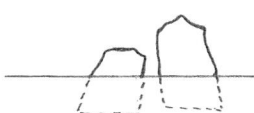 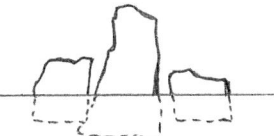 

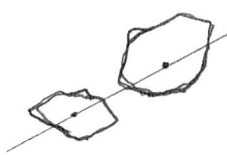 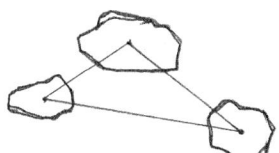 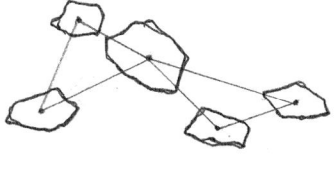

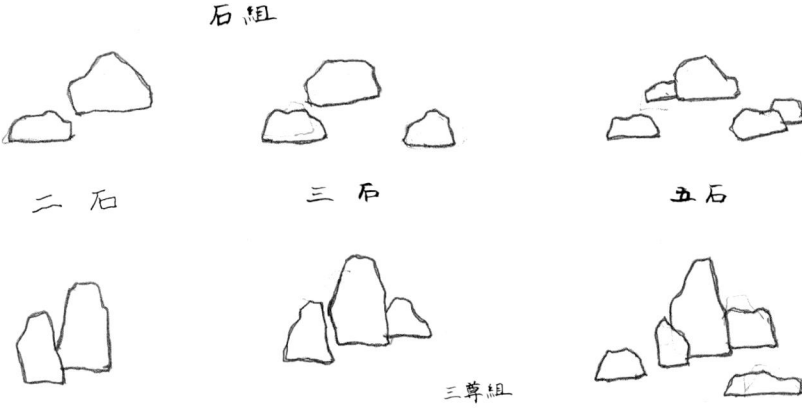

石組

二 石　　　　　三 石　　　　　　五石

三尊組

枯山水石庭（七・五・三）

Erweiterung der Dreiergruppe

Die Dreiergruppe ist als Kern- und Ausgangspunkt einer Steinkomposition zu betrachten. Sie kann und sollte jedoch möglichst erweitert werden, zum Beispiel zu einer Fünfer-, einer Siebener- oder zu einer noch größeren Gruppe. Dabei ist darauf zu achten, dass sie nicht wie eine Felswand aneinander gereiht werden. Unterschiedliche Höhe allein genügt nicht, um den Eindruck von Lebendigkeit und Natürlichkeit hervorzurufen. Sie

Oben:
Gruppierungsvorschläge aus niedrigeren und aufrecht stehenden Steinen als Zweier-, Dreier- und Fünfergruppe.

Unten:
Steingarten, Trockenlandschaftsgarten mit einer Steinsetzung im 7-5-3-Rhythmus.

sollten vielmehr locker gesetzt werden, zum Beispiel wie eine „Gruppe auf dem Bauch liegender Hunde". So wird es bereits im „Sakuteiki" aus dem 11. Jahrhundert sehr anschaulich beschrieben. Diese Gartenlehre ist heute noch gültig.

Jedenfalls ist darauf zu achten, dass gerade bei einer größeren Gruppe die Steine von unterschiedlicher Gestalt sind. Spitze „Gipfel" sollte es ebenso geben, wie leicht eckig-flache „Felsplateaus" oder rundlich weiche Steine, die sich in die Erde ducken. Auch ist es immer interessant, einer solchen Gruppe, wenn genügend Platz vorhanden ist, einen einzelnen Stein, oder auch zwei Steine – sozusagen als

Gegengewicht –, in einiger Entfernung gegenüber zu stellen. Bedeutende Einzelsteine können da ebenfalls, sozusagen als Solitär, recht wirkungsvoll sein.

Jene klassische 7-5-3-Gruppe ist nicht einfach zu arrangieren, auch wenn man eine ebene Fläche dafür zur Verfügung hat. Doch versuchen kann man es, vor allem, wenn man sich auf eine 7-5-3-Gruppe beschränkt. Auf einem relativ schmalen Gartenstreifen, der mit einer solchen Gruppe eindrucksvoll zu gliedern wäre, könnte es leichter gelingen. Wichtig dabei ist, dass eine gewisse Beziehung, eine Art Rhythmus, zwischen den Gruppen hergestellt wird. Das Ganze soll zwar bewegt erscheinen, darf aber nicht auseinander fallen.

Sieben-fünf-drei-Steinsetzung auf schmalem Streifen, Haupthalle des Daitoku-ji, Kyoto.

Erweiterte, lockere Steingruppe, Komyo-in, Kyoto.

Interessant ist übrigens, dass man eine ähnliche Wirkung mit geschnittenem Buschwerk *karikomi* erzielen kann. Dabei wird zu leichten Hügeln geschnittenes Buschwerk wie Steine arrangiert. Dafür bevorzugt man heute gern Azaleen.

Trockenteichlandschaft und Wasserfall

Neben diesen von aufrechtstehenden Steinen bestimmten Gruppen, gibt es auch die Möglichkeit, mit relativ niedrigen und daher auch leichteren und besser zu transportierenden Steinen zu arbeiten und mit ihnen eine trockene Teichlandschaft zu gestalten. Zunächst muss auch hier per Planzeichnung das Grundkonzept entworfen werden. Das heißt, zunächst wird festgelegt, wie die „Teichufer"-Linien aussehen und wo die Inseln platziert werden sollen. Für Inseln gibt es dabei verschiedene Möglichkeiten. Entweder man setzt sie direkt in den Teich oder man deutet nur zwei Inseln an, die mit einer Brücke verbunden sind. In Bezug auf den Teich wäre es vielleicht nicht uninteressant, wenn der Teich, die Teichlandschaft, den ganzen zur Verfügung stehenden Platz ausfüllen würde.

Schließlich muss noch die Stelle für den Wasserfall gefunden werden. Dabei verfährt man nicht viel anders als bei den

Gebirge darstellenden Gärten. Zunächst werden also wieder die Steine
ausgesucht, die wichtigsten zuerst, wie
zum Beispiel die Wasserfallsteine.
Dem Wasserfall sollte man eine Art
Stufengestalt geben, die von anderen
Steinen begleitet wird. Zwar könnten
diese Wasserfallsteine auch einige
„Gipfel" ausgebildet haben, im allgemeinen sollten sie jedoch breiter
und voluminöser sein bzw.
oben leicht abgeflacht –
ähnlich wie beim Stufenwasser-
fall des Teichgartens
(siehe Seite 83).

小島（枯山水）

Oben:
Kleine Insel aus Kieseln
und Steinen im Trocken-
landschaftsgarten.

Unten:
Trockene Teichland-
schaft, Taizo-in, Kyoto.

Seite 100 oben:
Geschnittenes Busch-
werk *karikomi*, wie
Steingruppen angelegt,
Shoden-ji, Kyoto.

Seite 100 unten:
Geschnittenes Busch-
werk *karikomi* in
hiesigen Baumschulen
erwerbbar, Peselmann,
Bad Homburg.

Ist der Wasserfall in Position gebracht, wird mit mittleren Steinen, Steinbrocken, das Ufer markiert und dann die Insel eingesetzt. Dabei genügt es nur Steine oder fast nur Steine zu verwenden. Will man aber einige niedrige Pflanzen hinzufügen, ist eine kleine Erdaufschüttung nötig. Diese Inseln müssen dem Gesamtplan gut eingepasst sein. Zu groß dürfen sie nicht sein, sie sollten aber auch nicht ins Miniaturhafte abgleiten.

Bepflanzung

Was die Bepflanzung eines Hügelgartens betrifft, auch wenn nur mit kleinen Hügeln oder Bodenwellen modelliert, so sollten alle diese bis zu ihren Füßen mit dicht wachsenden Pflanzen teppichartig bedeckt werden. Hierfür ge-

Oben:
Insel im Trockenland-
schaftsgarten, Kiefer,
karikomi, Steingruppe,
Manshu-in, Kyoto.

Unten:
Steinsetzung für einen
Trockenwasserfall.

Seite 103 oben:
Wasserfall im Trocken-
landschaftsgarten,
hier hinter den großen
Felsen, Daisen-in im
Daitoku-ji. Kyoto.

Seite 103 unten:
Kombination von ge-
schnittenem Buschwerk
und Felssteinen (kein
Trocklandschaftsgarten),
Tofuku-ji, Kyoto.

eignet ist beispielsweise Bambusgras wie *Sasa arundinaria pumila* oder *Kumazasa veitchii*. Moos gedeiht in unseren Breiten nicht so recht, es braucht viel Pflege, wie das Ausputzen brauner Stellen und reichlich Bewässerung. Man könnte den Boden auch mit Rasen bedecken, am besten mit Grassoden. Das Mähen wäre doch recht kompliziert, es sei denn man besorgt sich einen dieser kleinen japanischen Rundscheibenmäher. Reizvoll wäre

es aber auch, dicht wachsende, kleinblättrige immergrüne Azaleen, das heißt
Kissen-Rhododendron (*Rhododendron
impeditum* oder *impetsurikon*) anzupflan-
zen. So erhält man kleine Azaleenhügel,
die auch im Winter durch verschieden-
farbiges Laub hübsch anzusehen sind.

Des Weiteren kann man diese Rhododendren, kugelig oder eckig geschnitten,
als Ergänzung zu den Steinen oder auch
am Ufer des Trockenteichgartens so einsetzen, dass sich eine dichte Uferkante
bildet.

Bei einem Gebirge darstellenden Garten
passten sich gewiss auch ein, zwei
Kiefern, evtl. in Zwergform, gut ein.
Geeignet wären *Pinus densiflora* oder
Pinus aristata. Sie dürfen aber auf keinen
Fall zu groß sein.

Für die Umfriedung gilt das gleiche wie
beim Teichgarten: Liguster (*Ligustrum
vulgare*) oder Buchsbaum *(Buxus suffruti-
cosa)* sind die hier geeigneten Laubhöl-
zer, jedenfalls sollte es eine immergrüne
Hecke sein.

In Mustern geharkte Sandfläche, Tofuku-ji, Kyoto.

Sand und Kies 砂紋

Da es in den Trockenlandschaftsgärten – natürlich – kein Wasser gibt, wird das Wasser, werden die Flüsse, Teiche oder Wasserfälle mit Sand oder Kies dargestellt, der als letzter Schritt in die Gärten gebracht wird. Für Europa ist dafür feiner Kies zu empfehlen. Allerdings sind diese Sand- oder Kiesflächen nicht nur von so banaler Bedeutung, wie das ist ein Fluss, das meint einen Teich oder das Meer, sondern eine weiße Sand- oder Kiesfläche gibt dem Landschaftsbild eine abstrakte Dimension, sie kann auch quasi als Bildgrund fungieren oder auch über diesen hinaus weisen.

Dieser Sand oder feine Kies sollte daher nicht zu weiß sein und schon gar nicht zu eintönig grau. Bei einer Gebirgsdarstellung empfiehlt es sich, vom Fuß der Hügel an auf die Veranda zu alles mit Sand oder Kies zu bedecken – es sei denn man legt zwischen Haus und Sandfläche noch eine kleine Grünzone mit niederem Buschwerk an.

Wenn man Unkraut vermeiden will, kann man ein Flies unterlegen, welches das Durchwachsen eine Weile verhindert. Mag man aber eine solche Künstlichkeit nicht, muss regelmäßig gejätet werden.

Spezialgerät zum Sandharken (Musterharken, von oben nach unten: Stab ca. 2 m lang, Brettdicke 3,5 mm, Brettoberteil 7 cm hoch, Zacken 7 cm lang, Zackenabstand 7 cm. Zum Glattharken: Stab ca. 2 m lang, Brettdicke, 3,5 mm, Bretthöhe 2 cm, Brettlänge 50 cm.

Der Sand kann dann glatt oder in Wellen, Parallelen oder anderen Mustern geharkt werden, Hierfür ist eine sägeblattartige, aber grob ausgesägte Harke aus Holz hilfreich. Man harkt stets auf sich zu, für das letzte Stück wird man einen Stein, eine Treppenstufe oder dergleichen benutzen können, so dass keine Fußstapfen bleiben.

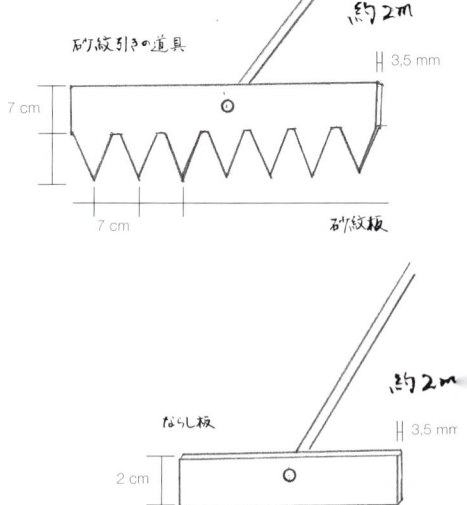

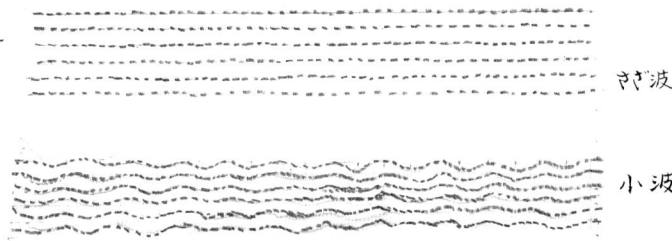

砂紋
さざ波
小波

Für einen Garten im Stil des Daisen-in-Gartens (siehe Abbildung Seite 24) muss man den Sand bereits dort, wo die Steine niedrig sind und einen Wasserfall andeuten, also quasi im Hintergrund, vorsichtig über die Steine verteilen und dann über die ganze, weder von Steinen noch Pflanzen bedeckte, Fläche streuen, so dass das Bild eines Flusses oder eines Teiches entstehen kann. Sogar das offene Meer kann man auf diese Weise darstellen. Ein solcher Sandfluss bietet auch die Chance, eine Steinbrücke zu errichten. Das Verhältnis von Gebirgsstein und Brücke muss nicht real sein, ja es sollte sogar nicht so sein. Würde man eine solche Brücke ungefähr den Dimensionen der Felsen als natürlich-bildhaftes Element anpassen, wäre die Gefahr einer Miniaturisierung kaum zu vermeiden. Wenn man aber versuchen würde, wie es im Daisen-in gestaltet wurde, einen im Verhältnis zu

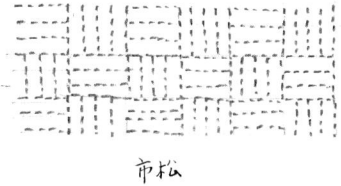

市松

Verschiedene, durch Harken herzustellende, Muster von oben nach unten:

Wellenkräusel,
Kleine Wellen,
Schachbrettmuster,
Insel, den Stein umrunden,
Wirbelnde Fluten.

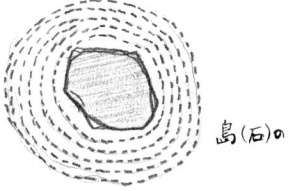

島(石)の囲り

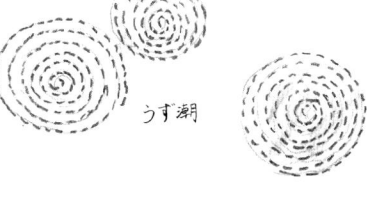

うず潮

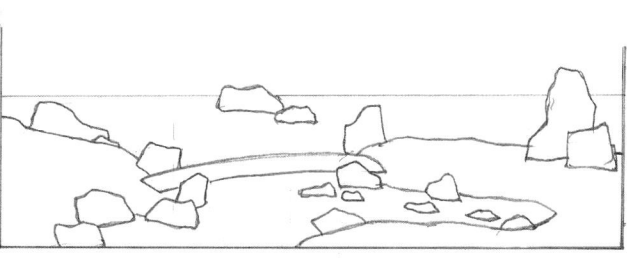

枯山水

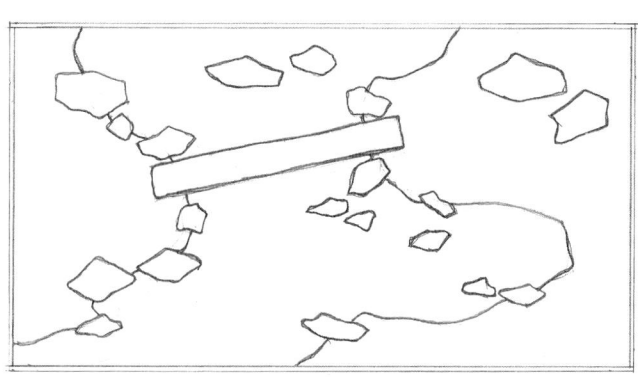

Trockenlandschafts-garten: breiter Fluss (grober Sand oder Kies) von einer Haustein-brücke überquert. Ufer mit Moos oder anderen dichten, boden-deckenden Pflanzen bepflanzt. (Man kann auch *Rhododendron impeditum,* kissenartig wachsende Azaleen dafür verwenden).

Oben:
Innenhofgarten, Stein-
gruppe auf geharkter
Sandfläche, Ryogen-in
im Daitoku-ji, Kyoto.

Unten:
Innenhofgarten, Sand-
fläche mit Steingruppe,
Daisen-in im Daitoku-ji,
Kyoto.

Seite 107 oben:
Brunnen als Element
des Innenhofgartens:
links aus Natursteinen
geschlagen, rechts aus
geschnittenen Steinen
zusammengesetzt.

Seite 107 mitte:
Trockenlandschafts-
garten bzw. Steingarten,
auch in einem kleinen
Innenhofgarten zu gestal-
ten, mit Steinsetzungen
als Fünfergruppe: zwei
und drei.

Seite 107 unten:
Trockenlandschafts-
garten in einem Innenhof
als Siebenergruppe: zwei
plus eins als drei zu vier.

den Gebirgssteinen überdimensionierten Brückenstein zu verwenden, entsteht ein ganz anderer Eindruck.

Das Problem des Trockenlandschafts-gartens liegt also nicht in den Materi-alien, sondern im Verhältnis der einzel-nen Elemente, das heißt vor allem der Steine zueinander. So ist eine eindrucks-volle „trockene" Landschaft schon allein mit Steinen, Sand und Moos oder einer anderen bodendeckenden Pflanze zu gestalten.

Der Innenhofgarten

Eine der schwierigsten Gartengestaltun-gen ist der reine Steingarten *sekitei*, der mit nichts als Sand bzw. Kies und Steinen gestaltet wurde und wird. Er verlangt schon ein ausgeprägtes Gefühl für Raum und Rhythmus, auch gewisse bildhauerische Fähigkeiten. Doch den Ryoanji-Garten sollte man wie gesagt gar nicht erst nachahmen wollen. Aber in einem kleinen Garten zum Beispiel, in einem Innenhofgarten, könnte schon eine solche „Gartenskulptur" gelingen. Dabei sollte man mit den Steinen recht sparsam umgehen, zwei oder drei wür-den gewiss völlig ausreichen, eventuell auch fünf in einer Dreier- und einer Zweiergruppe arrangiert. Ist der Innenhof aber lang und schmal kann man auch

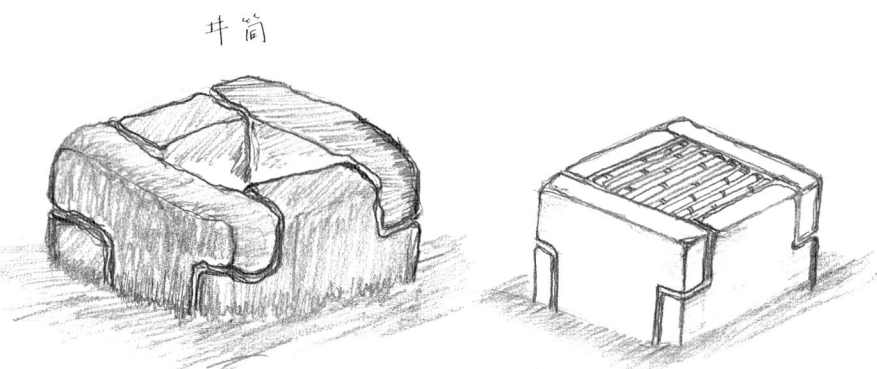

井筒

自然石型   切石型

Steine im Verhältnis
drei zu vier verwenden.

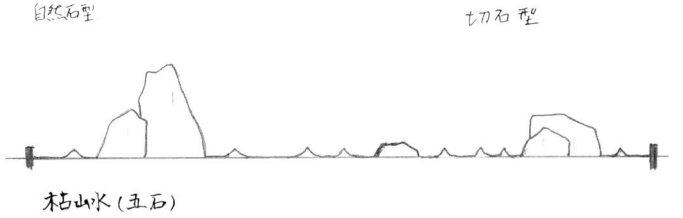

枯山水 (五石)

Wieder werden die zur Verfügung stehenden Steine ausgebreitet,
um die verwendbaren genau betrachten
und aussuchen zu können. Eignen wür-
den sich zum Beispiel ein relativ hoher,
ein mittlerer und ein fast flacher Stein,
wobei der hohe unbedingt eine „Gipfel-
spitze" haben sollte. Wenn nun die
hohen Steine und der fast flache Stein
gruppiert werden sollen, muss man
mehr noch als bei den anderen Zusam-
menstellungen auf die Harmonie von
Gestalt und Kontur achten. Die beiden
Hauptsteine – hier die beiden wichtigsten Elemente –, müssen absolut miteinander harmonieren, harmonieren auch
durch Gegensätzliches und sozusagen
wieder einander antworten. Der dritte
Stein wird dann meistens in einem
Abstand zu diesen beiden ersten eingesetzt.

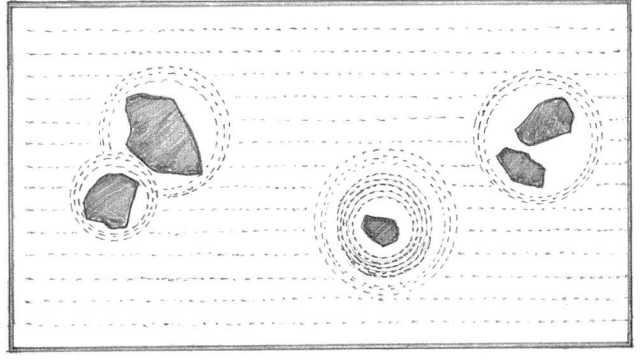

枯山水

Da ein Innenhof in der Regel von mehreren Seiten aus betrachtet werden kann,
ist darauf zu achten, dass diese Steingruppierung nicht nur eine Schauseite
hat. Das macht die besonderen Schwierigkeiten eines solchen Innenhofgartens
aus. Da bleibt nichts anderes übrig, als
immer wieder zu probieren und zu prüfen. Ist das Problem zufrieden stellend

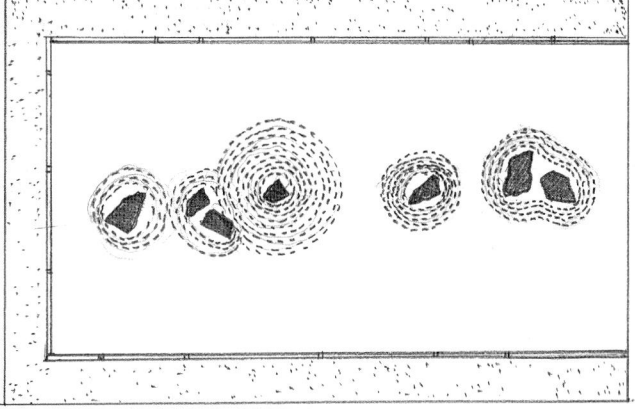

gelöst worden, kann nun die ganze übrige Fläche mit Sand oder Kies ausgestreut werden. Dieser Sand – oder Kies – wird ebenfalls, zunächst die Steine umkreisend, geharkt. Diese Kreise werden durch Parallelen verbunden, die sie tangentenartig berühren. So entsteht eine Gartenskulptur besonderer Art, die die Konzentration auf das Wesentliche bildlich anzudeuten vermag. Hier findet der „Garten der Stille" seinen stärksten Ausdruck.

Moderne japanische Trockenlandschaftsgärten

In jüngerer Zeit entstehen in Japan in steigendem Maße vor allem an Privathäusern Trockenlandschaftsgärten – mit allen ihren Elementen, sowohl als Betrachtungsgärten, wie aber auch als teegartenähnliche Annäherungszonen oder schlicht als gestalteter Zugang zum Haus. Hier findet man Pavimente, Schrittsteine, die Kiesflächen durchqueren, Wasserbecken, auch Steinlaternen oder kleine Steingruppen. Ebenso beliebt sind kleine Innenhofgärten, in die man sogar einen altertümlichen, steinernen Brunnen als Form setzen kann. Dieser Gestaltungsstil kam auch in Europa schon verschiedentlich zur Anwendung.

Als Bepflanzung verwendet man gerne Ahorn und andere Laubgehölze. Dann das niedere Sasa-Bambusgras, Schneeball, Lavendelheide, aber nicht zu üppig, eher licht und offen gestaltet, vermittelt es dem Haus und seiner Umgebung etwas sehr Elegantes. Ein solch moderner Garten klassischen Zuschnitts wird nicht nur die japanische Gartenkunst weitertragen, sondern auch die moderne Gartenkunst in Europa beeinflussen, denn diese Form ist relativ leicht zu übernehmen und unseren Verhältnissen anzupassen.

Seite 108:
Links oben: Paviment in modernem Innenhofgarten, privat, von Makioka Kazuo, Odenwald.
Links mitte: Paviment in modernem Hausgarten von Makioka Kazuo, Nara.
Links unten: Schrittsteine in Trockenlandschaftsgarten, Odenwald.
Rechts oben: Schrittsteine in modernem Teegarten, privat, von Makioka Kazuo, Nara.
Rechts unten: Wasserbecken in modernem Hausgarten von Makioka Kazuo, privat, Nara.

Unten:
Wasserbecken mit Laterne in modernem Hausgarten von Makioka Kazuo, privat, Nara.

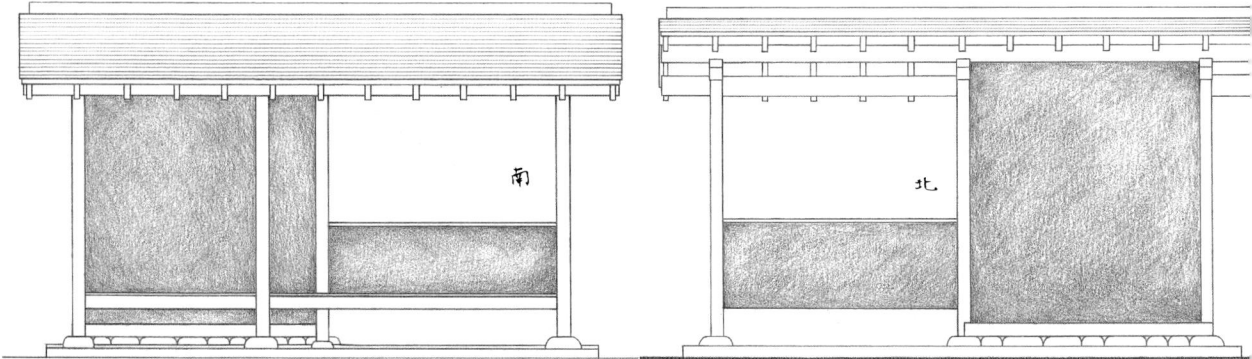

Das Anlegen eines Teegartens

Der dritte der drei Haupttypen des japanischen Gartens erscheint uns auf seltsame Weise gleichzeitig vertraut und doch auch wieder sehr fremd. Er ist ja ein Weg, der nicht nur auf ein räumliches Ziel hinführt, sondern auch auf ein geistigkünstlerisches als ein Weg absoluter Reinheit, ein Gartenanliegen, das es bei uns so nicht gibt.

Planung

Konstruktion einer überdachten Bank. Holz: Zypresse oder ein anderes Wasserresistentes Holz. Pfosten und Querhölzer werden nur versiegelt, Wände (Bretterwände) werden lehmfarben verputzt, das Dach wird mit Holzschindeln gedeckt oder aber mit Kupferplatten.

Eigentlich ist es ja etwas Müßiges, in unseren Breiten einen Teegarten anlegen zu wollen, da die Kunst des Teetrinkens oder *chanoyu*, die Teegesellschaft, hier nur sehr selten geübt wird. Diese ist aber der eigentliche Zweck eines Teegartens. Dazu gehört ein Teepavillon *chashitsu*, der im traditionellen Teegarten den Hauptakzent liefert. Für eine europäische Version des Teegartens, wo man keine Teegesellschaft veranstalten möchte, wäre er mehr oder weniger überflüssig. Trotzdem ist eine europäische Version eines japanischen Teegartens durchaus möglich.

Wie das erste Schriftzeichen der japanischen Bezeichnung des Teegartens „*roji*" schon ausdrückt (siehe Seite 50 f.), ist dieser Garten als Wegzone konzipiert, als eine Zone der Annäherung und der Vorbereitung auf das Ereignis der Teezusammenkunft. Diese „Zone" soll möglichst so angelegt sein, dass man die Außenwelt vergisst, vergisst zum Beispiel, dass man sich in einer Großstadt befindet. Aber vor allem soll er dazu dienen, die eigenen Probleme abzustreifen, den

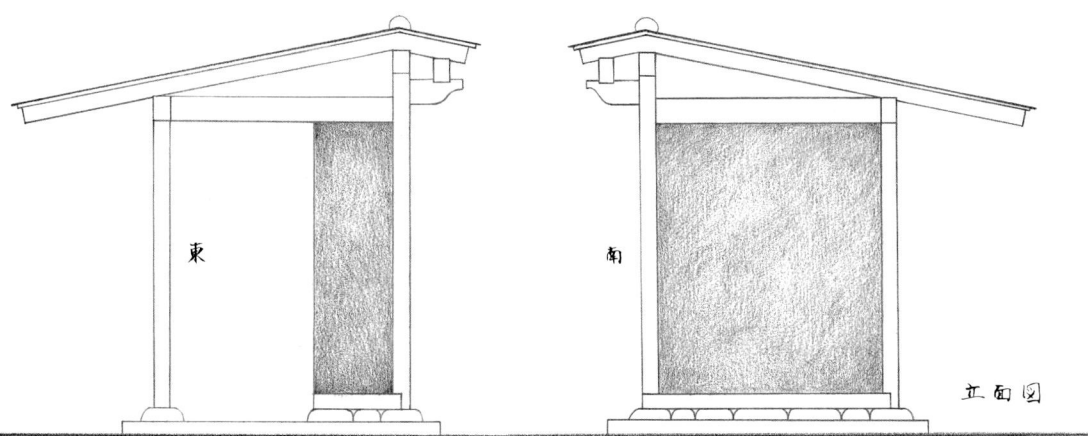

Alltag oder was einen sonst beschwert hinter sich zu lassen. So muss der Teegarten so angelegt werden, dass eine abschirmende „einsame Wildnis" entsteht.

Das bedeutet also, dass der Teegarten im Vergleich zum Betrachtungsgarten
reich mit Pflanzen ausgestattet werden muss. In der Regel spielen die immergrünen Gehölze als Bäume und Buschwerk die Hauptrolle. Dabei sollten die
Bäume nicht sehr hoch sein, nur etwa ein Drittel der möglichen Größe haben
und mit großer Raffinesse „natürlich" arrangiert werden. Wenn also hier in unseren
Breiten kein Teegarten im eigentlichen Sinne entstehen kann, so doch zumindest
ein Refugium stiller Zurückgezogenheit.

Pavillon, Bank und Törchen

Wenn das zur Verfügung stehende Grundstück relativ lang und schmal ist und
ein Betrachtungsgarten sich nur schwer realisieren ließe, könnte man einen japanischen Garten im Stil eines Teegartens in Erwägung ziehen. Um diesem Garten
doch seinen Hauptsinn, eine Annäherungs- oder eine Wegzone zu sein, wenigstens andeutungsweise zu geben, müsste man an einer Schmalseite des Gartens
oder in einer Ecke eine kleine gedeckte Bank oder einen einfachen Pavillon aufstellen. Es gibt aber auch die Möglichkeit, sich in Japan einen originalen Teepavillon zu bestellen, der allerdings ziemlich teuer ist.

Der Pavillon kann sehr einfach sein und man kann ihn auch selber bauen.
Wir würden so etwas vielleicht eine Laube nennen. Man benötigt dazu vier
Rundholzpfosten, die – auf abgeflachte Natursteine aufgesetzt –, in einen Sockel

Zwischentörchen wie im Teegarten gebräuchlich, von Makioka Kazuo, privat, Nara.

aus Beton (oder Zement) eingelassen werden. Diese Pfosten tragen ein relativ flaches Walmdach, das mit Brettern gedeckt ist. Die Wände sind nur halbhoch und nur an drei Seiten angebracht, die Seite zum Garten hin bleibt offen. Die Brüstungskanten der „Fenster" werden mit halben Rundhölzern abgedeckt. Im Inneren kann man eine einfache, umlaufende Bohlenbank anbringen. Innen und Außen sind die Wände gelblich bzw. sandfarben verputzt. Soll es nur eine gedeckte Bank sein, werden nur zwei kurz gehaltene Seitenwände angebracht und das Dach ist ein ungleiches Giebeldach. Die übrige Konstruktion ist die gleiche wie beim Pavillon.

Ausrichtung des Gartens auf Pavillon oder Bank

Wenn ein Teegarten auf einen solchen Pavillon oder eine Bank ausgerichtet werden kann, braucht man auf die Architektur des Hauses keine Rücksicht zu nehmen. Jedoch sollte vom Haus aus lediglich ein Zugang zum Garten bestehen, etwa durch eine Glastür, am besten als Schiebetür. Ideal wäre es, könnte man über eine Stufe in den Garten gelangen. Diese Stufe sollte aber keine gewöhnliche Betonstufe sein, sondern ein möglichst langer, aber schmaler und oben flacher Naturstein. Man könnte auch – je nach Höhe des Ausstiegs – eines jener Pavimente versuchen (siehe Seite 120), das über die ganze Front reichen sollte. Von dort aus führen dann Schrittsteine *tobiishi* durch die Zwischenzone – leicht diagonal oder im Bogen leicht versetzt –, auf den eigentlichen Garten zu.

Der Eingang des Gartens ist mit einem kleinen Törchen, möglichst aus Bambus, markiert, an das sich eine niedrige Hecke oder ein Bambuszaun anschließt. Das Bambustörchen kann man aus Japan kommen lassen und den Zaun mit aus Japan erhaltenem schwarzem Hanfstrick vielleicht selbst herstellen, es ist nicht so schwer. Zwischen die in bestimmten Abständen in die Erde gesetzten Pfähle oder Pfosten werden Querstäbe aus Bambus mittels Nägeln befestigt, an diese werden mit Hilfe von geschwärztem Strick in die Erde gesteckte Längsstäbe, ebenfalls aus Bambus, mit spezieller Bindetechnik kreuzweise angebracht. Das Törchen ist auf ähnliche Weise nur mit diagonal angebrachten Stäben herzustellen, obgleich dies besser und ohne große Schwierigkeiten aus Japan importiert werden sollte. Zu diesem Zweck wende man sich an die im Anhang angegebene Importfirma für Steinlaternen.

Aber auch Zaunelemente kann man aus Japan einführen. Jedoch muss man dabei bedenken, dass Bambusstäbe in der Feuchtigkeit leicht schwarz werden können und deshalb ab und zu erneuert werden müssen.

Man kann aber bereits in manchen unserer Gartencenter geschwärzten Strick und Bambusstäbe bekommen und diese sind gar nicht einmal teuer.

Bambuszaun und Törchen.

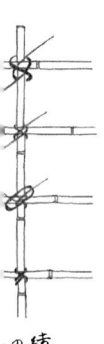

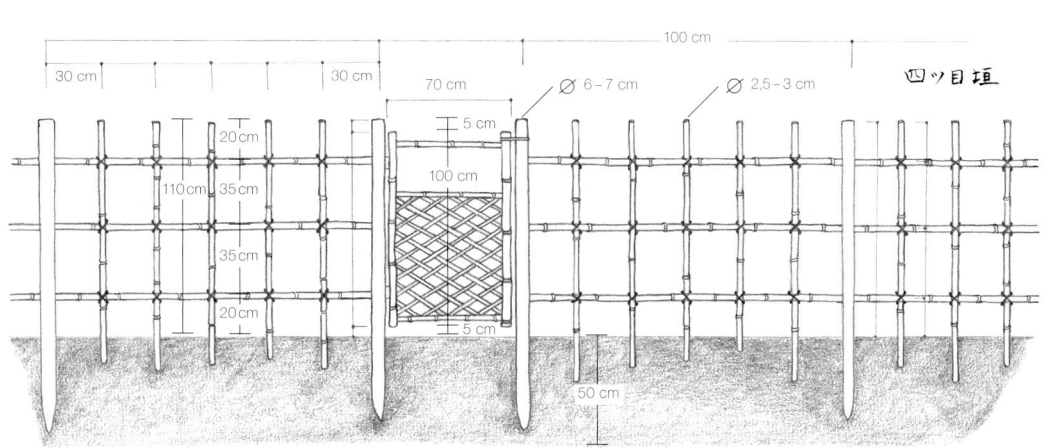

Ausstattungsstücke: Wasserbecken

Für den Teegarten sind einige „Ausstattungstücke" notwendig, wenn man eine richtige Atmosphäre erzeugen will. An erster Stelle steht das Wasserbecken *tsukubai*, das der Reinigung von Mund und Händen dient. Es kann die Gestalt einer schön gemeißelten, oben kreisrund ausgeschnittenen Kugel oder eines Würfels haben. Manchmal sind diese Becken mit einem plastischen Dekor geschmückt. Häufiger verwendet man einen Naturstein in entsprechender Größe, dem ebenfalls ein kleines, kreisrundes oder auch längliches Becken ausgemeißelt ist. Alle diese Wasserbecken werden noch immer von japanischen Steinmetzen hergestellt und von hiesigen Firmen importiert und vertrieben. Allerdings tauchen ab und zu Wasserbecken – und auch Steinlaternen

Oben:
Wasserbecken, würfelförmig behauen, Teegarten der Mushanokoji-Teeschule, Kyoto.

Unten:
Wasserbecken ohne Zulauf, Entsu-ji, Kyoto.

Seite 115 unten:
Wasserbecken mit Zulauf, Hausgarten von Makioka Kazuo privat, Nara.

– aus gegossenem Material auf, erkennbar an ihrer glatten Oberfläche. Auch aus anderen Ländern importierte, nachgeahmte Laternen haben nicht die Qualität der echten und vor allem nicht ihre Authentizität.

Nun kommt es darauf an, ob man ein Wasserbecken mit Wasserzulauf wünscht oder eines ohne. Bei letzterem ist darauf zu achten, dass sich keine Algen bilden. Es muss deshalb ab und zu gereinigt und mit frischem Wasser gefüllt werden. Auch ist dieses Becken auf oder besser in ein Schotterbett aus verschieden großen Kieseln zu setzen. Man kann das Becken aber ebenso in eine aus Erde und Zement im Verhältnis 2:1 hergestellten Schale setzen, die mit kleinen Steinen kaschiert wird. Die nähere Umgebung des Beckens sollte dann mit kleinen

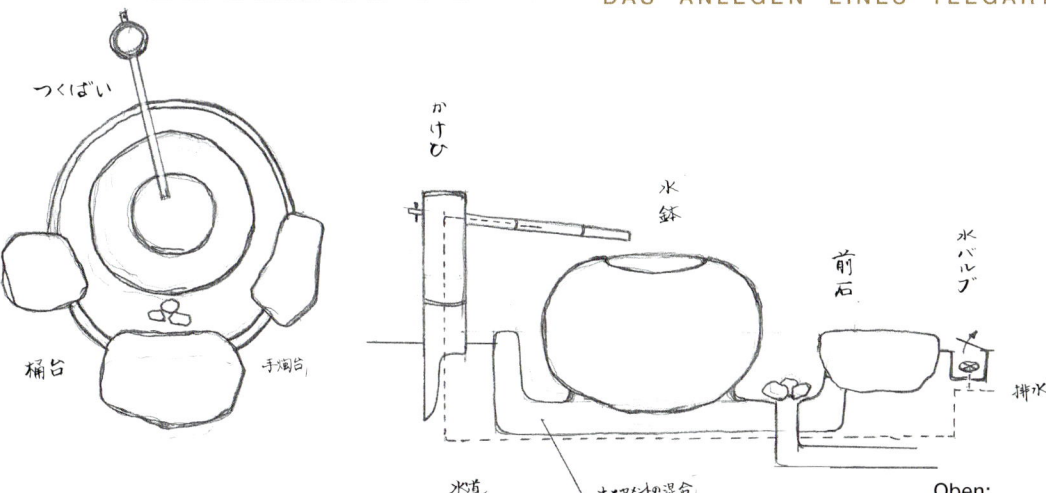

つくばい

かけひ

水鉢

前石

水バルブ

桶台　手燭台

水道　土とセメント混合

排水

Oben:
Wasserbecken, links:
Draufsicht, mit Stein für
den Eimer, Handlaternen-
Stein, rechts: von links
nach rechts: Wasserzu-
leitungsrohre, Wasser-
becken, Vorstein, Zulei-
tung, unten: von links
nach rechts: Wasser-
leitung, aus Erde und
Zement hergestellte
„Schale", Abwasser.

Felssteinen abwechslungsreich gestaltet werden. Die Pflanzen kommen erst
später hinzu.

Entscheidet man sich für ein Becken mit Zulauf, benötigt man dafür die übliche
Leitungstechnik. Den notwendigen Unterflurhydrant verberge man geschickt
vor dem Vorstein, kaschiert wieder mit Steinen, denn das Wasser braucht ja
nicht ständig zu fließen. Das Wasser wird
aus der in der Erde verborgenen Wasser-
leitung durch ein dicht am Becken auf-
gestelltes Bambusrohr geführt, in das
unmittelbar ein waagrechtes Bambusrohr
von etwas geringerer Stärke als das
stehende, eingesetzt wird. Dieses waage-
rechte Rohr muss aber mit zwei bis drei
kreuzweise gebundenen Bambusstäben
gestützt werden. Oder es wird dem aufrechten Rohr ein Querholz (Rundholz
oder Block) aufgesetzt, und in dieses
das waagrechte Rohr eingefügt. Dieses
braucht nicht abgestützt zu werden.
Wenn man sich ein Überlaufbecken
vorstellt, sollte man allerdings auch für
einen mit Steinen kaschierten Abfluss
sorgen und im übrigen das Becken
ebenfalls in ein Kieselbett (siehe oben)
setzen, in dem der Abfluss verborgen
werden kann.

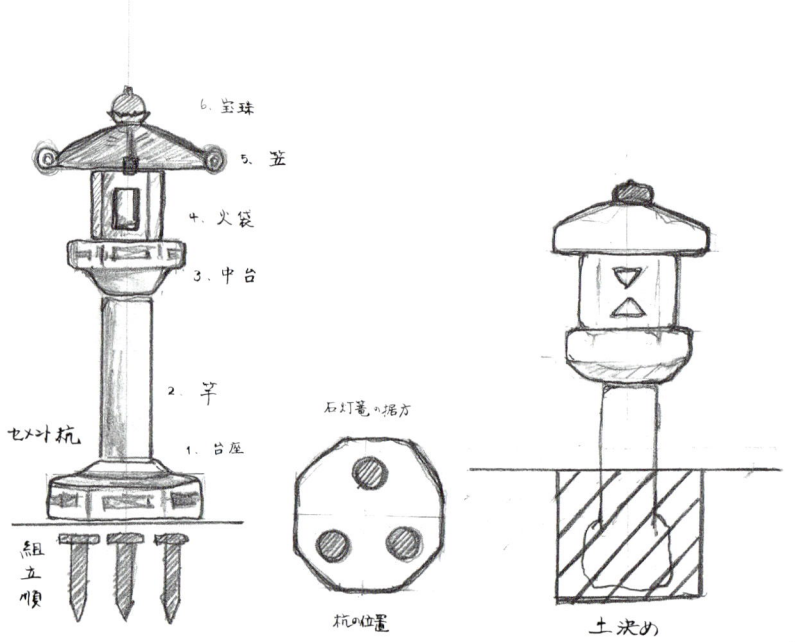

Steinlaternen

Der Teegarten *roji* ist im
Gegensatz zu den anderen
japanischen Gartentypen relativ
reich mit „Akzenten" ausgestattet. Dazu gehören ebenfalls
die allseits beliebten Steinlaternen *ishidoro*, die man allerdings – sparsam – auch in einen
Teichgarten und eventuell sogar
in einen Trockenlandschaftsgarten
einbringen kann.

Zeichnung:
Steinlaterne, links Ein-
setzen und Stabilisieren,
von oben nach unten
die Einzelteile:
6 Juwel oder
Lotosknospe,
5 Hut,
4 Lichtkasten,
3 Zwischenstück,
2 Schaft,
1 Basisplatte
unten, von links nach
rechts:
Zementpflöcke,
Position der Pflöcke;
die kleine Laterne tief in
die Erde eingraben.

Laternen gibt es in sehr vielen verschiedenen Formen, aber von allzu extremen ist
abzuraten. Im Teegarten sollte man sogar von den ganz niedrigen Formen wie zum
Beispiel der *yukimi-doro*, der „Schneebetrachtungs-Laterne", Abstand nehmen. Sie

Rechts:
Steinlaterne *ishidoro*,
Teegarten der Omote-
Teeschule, Kyoto.

wären in einem anderen Gartentyp besser platziert. Typisch für den Teegarten
sind jene hohen Steinlaternen, ähnlich
den Votivlaternen, die „alleengleich" den
Zugang zu großen Shinto-Schreinen säumen – wie zum Beispiel zum Kasuga-
Schrein in Nara. Andererseits stehen
sie auch als einzelne Laternen in etwas
anderer Gestalt, oft aus Bronze auf
weißer Sandfläche vor buddhistischen
Tempeln (siehe Seite 25), wo sie einem
Umwandlungsritus dienten. Diese hohen
Laternen sind zum Teil mit reichem plastischen Schmuck versehen. Die Dächer
über den Lichtkästen sind mehr oder
weniger aufgebogen und stets krönt eine
Lotosknospe das Ganze. In der Nähe des Pavillons aufgestellt und mit Grün umgeben, ist sie von eindrucksvoller Wirkung. Diese Laternen werden in einzelnen
Teilen hergestellt und müssen dann vor Ort zusammengesetzt werden. Wenn
nötig, können sie mit etwas Zement fixiert werden (s. Bezugsquellenverzeichnis).

Steinlaterne, wahr-
scheinlich entworfen
von dem Teemeister
und Karamiker Furuta
Oribe (1544 – 1644)
in einem Teegarten,
Kyoto.

Sehr gut eignet sich für den Teegarten eine weit schlichtere Laterne, die so genannte Oribe-Laterne. Der Name führt sich auf den berühmten Teemeister und
Keramiker Furuta Oribe (1544 – 1615) zurück, der sie entworfen haben soll. Alles
an dieser Laterne ist sehr gerade, das Dach, der Lichtkasten, das Zwischenstück.
Nur der Schaft weitet sich unter dem Zwischenstück zu einer senkrechten dicken
Scheibe. Am unteren Teil des Schaftes befindet sich oft eine kleine Figur in Hoch-
relief, die verschieden interpretiert wird.

Die meisten dieser Steinlaternen sollte man tief eingraben, eventuell auf einem
Betonsockel zementieren oder mit Zementpflöcken fixieren (siehe Zeichnung
Seite 116). Wie die Wasserbecken, so werden auch Steinlaternen der klassischen
Formen noch von japanischen Steinmetzen hergestellt und von deutschen Firmen
importiert und vertrieben. Auch bei ihnen sollte man darauf achten, dass man

Schrittsteine *tobiishi* **zu einer Laterne, Teegarten, Kyoto.**

echte Steinmetzarbeiten erhält. Sie besitzen einen ganz anderen Wert als die gegossenen oder in anderen Ländern hergestellten Stücke, denn inzwischen gibt es auch Produzenten in China und sogar in Spanien.

Wenn diese beiden Elemente – Wasserbecken und Steinlaterne – ihren Platz gefunden haben, kann man an die Weggestaltung gehen.

Weggestaltung – Schrittsteine und Pavimente

Die Übergangszone vom Haus zum Gartentörchen sollte mit Sand oder feinem Kies ausgestreut werden, die auf den Schrittsteinen *tobiishi* durchquert werden kann. Den „Einstieg" vom Haus bietet der schon beschriebene breite Fuß- oder Stufenstein. Damit kann man einen mehrere Meter langen Weg abwechslungsreich gestalten. Wenn die Strecke nur kurz ist, genügen möglicherweise fünf Schrittsteine. Das sind naturgebrochene Platten, auf denen in der Breite gut zwei Füße nebeneinander Platz finden, doch sollte man bei der Zusammenstellung darauf achten, dass die Zahl der Steine immer eine ungerade ist.

Grundsätzlich sollten die Schrittsteine so gelegt werden, dass eine Kante des ersten Steins einer Kante des nächsten Steins ähnelt, dass man sie parallel legen kann. Oder man passt sie einander ein, wenn zum Beispiel die Kante eines Steins konkav und die eines anderen Steins konvex gebrochen ist. Das gilt auch dann, wenn die Steine um einen Bogen – oder auch Knick – zu bilden, leicht versetzt

gelegt werden müssen. Ein Auseinander-
sperren wie Scheren ist dabei möglichst
zu vermeiden. Der Abstand zwischen den
Steinen ist ebenfalls von Bedeutung, denn
man muss darüber bequem gehen können
und nicht hüpfen müssen. Hinter dem
Törchen wäre es gut, eine breitere Platte zu
setzen, um dort die Schrittsteine neu beginnen zu lassen.

がん行　ちどり　四三連　二三連

Damit es nicht zu langweilig wird, könnte man die Schrittsteine
tobiishi zu Gunsten eines Paviments, *nobedan* unterbrechen. Dieses kann
aus zwei schmalen langen, etwas behauenen Steinplatten oder auch schmalen
langen Bruchsteinplatten gebildet werden, die man leicht versetzt einsetzt. Das
wäre die einfachste Form. Raffinierter ist es schon, wenn man diese Platten längs-
seitig nicht dicht nebeneinander setzte, sondern so, dass ein Zwischenraum bleibt,
der mit Kieseln oder auch kleinen Bruchplatten ausgefüllt wird. Noch interessanter
aber ist es, wenn zum Beispiel nur eine Kante des Längssteins gerade geschnitten
ist, während die innere eine gebrochene Kante aufweist. Die andere Seite wird
durch eine dichte Reihe schrittsteingroßer Steine gebildet und der Zwischenraum
mit Kieseln gefüllt. Dann setzt man die
Aneinanderreihung der Schrittsteine fort.
Das Prinzip der Kantenanpassung ist
immer das gleiche. Je nach den Verhältnissen könnte man von den *tobiishi* noch
eine Abzweigung vornehmen, die zum
Wasserbecken führt. Diese Reihe sollte
dort mit einem breiteren Stein, direkt vor
dem Wasserbecken, abgeschlossen
werden, um dem Teegast, der sich dort
Mund und Hände reinigen möchte, eine
sichere Standfläche zu bieten – auch
wenn dies in unseren Teegärten nur
imaginiert werden kann.

**Schrittsteine, links: stren-
ge Zickzackform, locker
versetzte Form (Chidori-
Regenpfeiler-Form);
oben 4:3 – Gruppierung,
unten: 2:3 – Gruppierung.**

**Paviment aus einseitig
geschnittenen Stein-
platten, Bruchsteinen
und Kieseln, Teegarten,
Kyoto.**

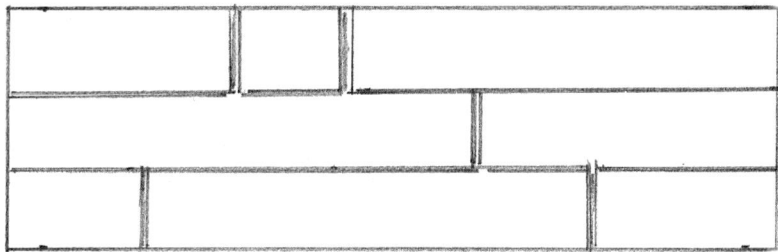

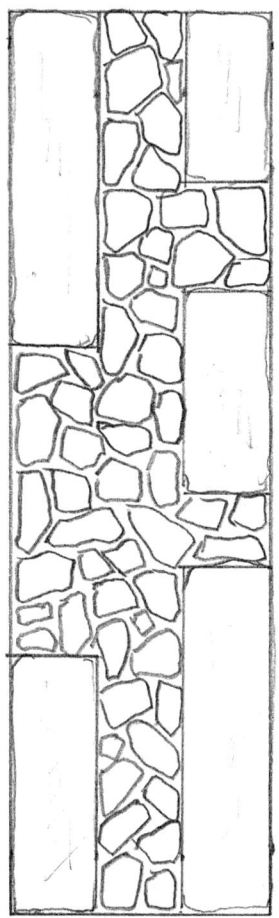

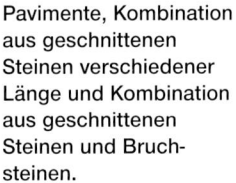

Pavimente, Kombination aus geschnittenen Steinen verschiedener Länge und Kombination aus geschnittenen Steinen und Bruchsteinen.

Vor der Bank oder dem Pavillon gibt es noch einmal Gelegenheit ein schönes *nobedan,* ein schönes Paviment zu gestalten. Der Fantasie sind da keine Grenzen gesetzt, lediglich die, dass bei aller Kombinationsfreude von Natur- und Hausteinen, die äußeren Konturen des Paviments gerade und rechtwinklig sein sollten und auch die Natursteinbrocken, wenn sie ohne Hausteinbegrenzung ausgelegt werden, sollten nicht aus der Reihe tanzen, aber im Allgemeinen ist hier jede asymmetrische Gestaltung wünschenswert.

Steinsetzungen

Steinsetzungen *ishigumi* gibt es in einem Teegarten nur wenige. Vor allem sind sie hier keine so prononcierten Elemente, sondern sie wirken eher wie zufällig, natürlich. Es ist gewiss nicht falsch, gleich hinter dem Törchen einen mäßig hohen, aufrechten Stein zu setzen. Auch in der Nähe der Steinlaterne wirken zwei, drei unterschiedlich hohe, aber nicht allzu spitze Steine recht eindrucksvoll, wie auch um das Wasserbecken, ein wenig versteckt unter niedrigen Pflanzen.

Bepflanzung

Als letztes wird die Bepflanzung vorgenommen, die entscheidend ist für die Atmosphäre in einem Teegarten. Bei der Pflanzenbeschaffung muss man darauf achten, dass die Bäume vor allem bereits eine bestimmte Größe haben, etwa zwei bis zweieinhalb Meter. Beliebt sind Kiefern, zum Beispiel die Rotkiefer Akamatsu *(Pinus japonica densiflora).* Diese ist nicht immer leicht in unseren Baumschulen zu bekommen, doch kann man sie bestellen. Die Schwarzkiefer Kuromatsu *(Pinus thunbergii)* ist jederzeit zu haben und ebenso geeignet. Beide Kiefernarten sind die Hauptbäume des japanischen Gartens. Es gibt auch noch einige andere Kiefernarten, die man verwenden kann, wenn sie nur eine entsprechende lockermalerische Form haben. Denn die Form der Pflanze ist in einem japanischen Garten wichtig, nicht die botanische Art.

Laubbäume im Teegarten sollten immergrün sein mit schmalen Blättern und nur unauffälligen oder gar keinen Blüten, damit die Ruhe des Gründämmrigen nicht gestört wird. Doch die Auswahl ist hier in Europa der anderen Klimaverhältnisse wegen begrenzt. Es könnten sich verschiedene immergrüne Eichenarten eignen. Diese sind jedoch nur in ausgesprochen warmen Gegenden durchzubringen. Hierzu zählen *Quercus glauca*, japanisch Yokonegashi, und *Quercus glauca thunbergii* var. *faociata* Blume. Beide können in gutsortierten Baumschulen bestellt werden. Weiter kann man einige *Ilex*-Arten verwenden wie *Ilex crenata* oder *integra*, die nur unscheinbare Blüten hervorbringen, sich aber auch recht gut in *karikomi* Formen schneiden lassen. Zwar sind die *Ilex*-Arten im Teegarten nicht die Regel, aber doch da und dort anzutreffen. Auch könnte man einige *Euonimus*-Arten wie *Euonimus japonica thunbergii* anpflanzen, die in Japan von Süd bis Nord in allen Klimazonen gedeihen und somit auch bei uns winterhart sein werden.

Steinlaterne mit kleiner Steingruppe im Teegarten des Koto-in des Daitoku-ji, Kyoto.

Besonders im Zusammenhang mit dem Teegarten ist es wichtig, sich mit den örtlichen, sich in nächster Nähe befindlichen Baumschulen zu beraten. Dort weiß man am besten, ob die gewünschten Bäume für die Gegend, in der der Garten angelegt werden soll, winterhart genug sind.

Unterpflanzung

Für die Unterpflanzung gibt es verschiedene Bambusgrasarten der Gattung *Sasa*, wie zum Beispiel Kumazasa *Sasa veitchii*, die immergrün sind. Dazu könnte man verschiedene Hostapflanzen setzen, jedoch nicht zu viele, damit die Blütenrispen nicht stören, sowie verschiedene Farne, die zwar im Herbst braun werden, aber immer wieder tüchtig austreiben.

Wenn Moos sich von selbst bildet, sollte man es ruhig wachsen lassen. Tut es das nicht, muss man ein wenig nachhelfen und einige Platten aus Moos aufbringen, besonders um die *tobiishi*-Schrittsteine.

Wenn dies alles gelungen ist, wird man plötzlich bemerken, dass hier auf dem eigenen kleinen Grundstück nicht nur ein japanischer Garten, sondern sogar eine japanische Landschaft, eine Waldlandschaft entstanden ist. Ein solcher Garten kann seinen Besitzer abschirmen von allen äußeren Einflüssen, allem Lärm – die dichte Baumbepflanzung dämpft den Lärm tatsächlich – aber auch von banalen Alltäglichkeiten. So ist ein Teegarten im wahrhaften Sinne ein „Garten der Stille".

Wenn man nun aber nicht die Absicht hat, sich mit der Teekunst zu beschäftigen und außerdem nicht auf Blühendes verzichten möchte, muss man sich ja nicht streng an den Teegartenstil halten. Man kann einen Kompromiss finden, das heißt einen Garten anlegen, der in seiner Grundanlage an einen Teegarten erinnert, somit sehr japanisch im Stil erscheint, doch durch den verstärkten Einsatz von blühendem Buschwerk und Bäumen unserem Bedürfnis nach Farbigem im Garten entgegenkommt. Unter diesem Aspekt hat Makioka Kazuo eigens für diesen Band einen Entwurf angefertigt, der einerseits Stilelemente des *roji* aufweist, andererseits aber auch blühende Pflanzen einsetzt.

Entwurf eines Hausgartens mit Anklängen an den Teegartenstil mit überdachter Bank.

Pflanzanleitung zu einem Garten im japanischen Stil mit Anklängen an den Teegarten *roji.* Doch wurden hier unter Berücksichtigung europäischer Verhältnisse und Vorstellungen von einem Garten als etwas Blühendem Pflanzen vorgeschlagen, die sonst in einem Teegarten nicht häufig oder gar nicht angepflanzt werden. Deshalb ist dieser Vorschlag gut auf einen europäischen Hausgarten zu übertragen.

1 *Quercus myrsinaefolia*
2 *Quercus serrata*
3 *Cornus kousa jap.*
4 *Acer palmatum*
5 *Camellia jap.*
6 *Rhododrendron jap.*
7 *Pieris jap.*
8 *Camellia sasanqua*

 9 *Prunus mume*
10 *Prunus yamasakura*
11 *Camellia jap.* var. *decumbens*
12 *Cryptomeria jap.* oder *Pinus nigra*
13 *Ilex integra*
14 *Magnolis stellata*
15 *Osmanthus fragans*
   var. *aurantiacus*

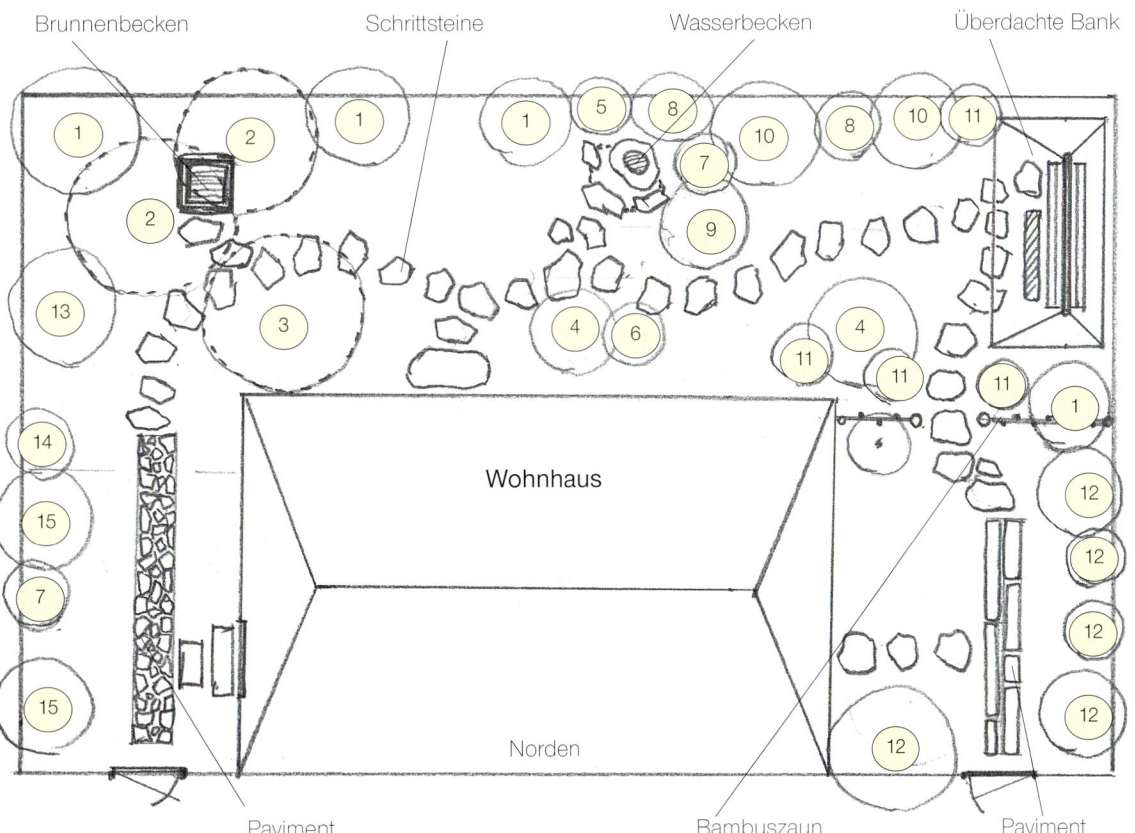

Brunnenbecken   Schrittsteine   Wasserbecken   Überdachte Bank

Wohnhaus

Norden

Paviment   Bambuszaun   Paviment

Pflanzen im
japanischen Garten

Wie schon mehrfach betont spielen Pflanzen im japanischen Garten verglichen mit unseren Gärten nur eine untergeordnete Rolle. Wenn wir in Europa einen Garten planen, möchten wir zunächst einmal unendlich viel Blühendes – wir suchen gern nach Farben aus – und dann möchten wir von einer Gattung eine ganz bestimmte Art. Für den japanischen Garten spielt das, wie gesagt, kaum eine Rolle. Für diesen ist die Form der Pflanze von großer Wichtigkeit, deshalb kann man durchaus die eine Art gegen die andere austauschen, wenn sie nur der Formgestaltung des Gartens entspricht.

Pflanzen – Geschichte, Wuchs und Standort

Da der japanische Garten ja in der Regel eine Landschaft darstellt, muss die Form eines Baumes zum Beispiel mit der Gestalt eines Felsens harmonieren, und zwar im Sinne eines Landschaftsbildes.

So ist es gleich, ob man zum Beispiel an einer bestimmten Stelle eine Rotkiefer oder eine Schwarzkiefer einsetzt. Wichtig ist, dass die Bäume und die Büsche vor allem in der vorgestellten, dem „Bild" entsprechenden Größe in den Garten eingebracht werden, damit er von Anfang an einen Bildcharakter erhält. Es muss nur darauf geachtet werden, dass dieses „Bild" dann auch einigermaßen so bleibt. Überflüssiges muss sofort weggeschnitten und durch den Kies sprießendes Unkraut sollte schnellstens beseitigt werden. Es sei denn, man legt unter den Kies ein Flies, das das Durchwachsen von Gräsern und dergleichen verhindert.

Die Betonung der Form heißt aber nicht, dass Kiefern und anderen Bäumen unbedingt durch Formziehen und radikales Schneiden bestimmte Formen aufgezwungen werden müssen. Man kann allein durch entsprechende Auswahl und zurückhaltendes Schneiden einen solchen Baum dem „Bild" annähern. Es gibt heute nicht wenige japanische Gartenmeister, die für einen Garten im japanischen Stil solche „Großbonsais" ablehnen und das natürliche, nur wenig gesteuerte Wachstum vorziehen.

Die im Folgenden angeführten Pflanzen sind in unseren Baumschulen erhältlich, häufig sogar auch in der gewünschten Größe. Man sollte nur bedenken, dass die Gegend in der man diesen Garten anlegen möchte nicht allzu bodenfrostgefährdet ist. Da alle hier genannten Pflanzen doch weitgehend winterhart sind, wird es aber kaum solche Probleme geben. Sollte etwas nicht vorrätig sein, kann man es in der Regel beschaffen.

In den Anleitungen wird natürlich auf noch wesentlich mehr Pflanzen hingewiesen. Man kann aber auch durchaus noch seinen eigenen Wünschen folgen. Es ist

darauf zu achten, dass die Blütenpracht nicht zu üppig wird. Im Betrachtungsgarten sowieso, aber vor allem auch im Teegarten sollte man auf großblütige
Pflanzen verzichten.

**Kiefern in der Katsura-
Villa, Kyoto.**

Rotkiefer Akamatsu und Schwarzkiefer Kuromatsu

(Pinus densiflora), (Pinus thunbergii oder *nigra)*

Wer sich etwas in der japanischen Kultur auskennt weiß, wie wichtig die Kiefer für
sie ist. Eindrucksvoll mächtig beherrschen sie die Küstenwälder des Inselreiches.
Man pflanzte sie als „Meilensteine" an der berühmten Ostmeer-Straße Tokaido.
Einige Exemplare stehen dort noch heute, riesige, ehrwürdige Bäume. Im japani-
schen No-Theater, eine der großen Theaterformen der Welt, eine Einheit von Tanz,
Gesang und Darstellung von stark philosophischem, abstrahierendem Charakter,
ist die Kiefer das wichtigste Element der Bühnengestaltung. Begleiten schon kleine
Setzlinge den Bühnensteg, Auftrittssteg der Schauspieler, beherrscht die Kiefer,
Symbol des Wandellosen, Beständigen, weitausladend auf die Bühnenrückwand
gemalt, den Bühnenraum.

Weil die Kiefer diese symbolische Bedeutung besitzt, wird sie auch als Neujahrsschmuck verwendet, zusammen mit Pflaumenblüten und Bambus als Symbole
des langen Lebens. Natürlich ist sie auch ein häufiges Motiv in der japanischen
Malerei, der Mineralfarbenmalerei wie der Tuschmalerei, als einzelnes Motiv
oder als Kiefern am Strand auf mehrteiligen Wandschirmen auf Blattgoldgrund.
Eines der bedeutendsten Kiefern-Wandschirmbilder in Tusche auf Papier schuf
Hasegawa Tohaku (1539-1610), einen Kiefernhain, der sich im Nebel verliert.

An den Kiefern liebt man besonders die oft natürlich gewachsenen bizarren
Formen, expressiver Ausdruck einer Lebensgeschichte. Es gibt sehr viele ver-
schiedene Arten japanischer Kiefern, so zum Beispiel solche mit kurzen, kräftigen
Nadeln von etwas düsterem Grün und solche mit ganz seidig, wie Mädchenhaar

glänzenden langen Nadeln. Für den
Garten aber verwendet man in der Regel
nur die Rotkiefer und die Schwarzkiefer.
Beide haben ein relativ dichtes Nadel-
kleid und neigen schon von sich aus zu
malerischem Wuchs. Werden die Nadeln
aber zu dicht, geht man im japanischen
Garten mit großer Sorgfalt daran, die
Nadeln auszuzupfen. Die Rotkiefer *Pinus
densiflora* ist in unseren Baumschulen
leider nicht immer vorrätig, kann aber
beschafft oder durch die Schwarzkiefer
ersetzt werden.

**Ahorn im Joruri-ji,
Kyoto.**

Ahorn, Fächerahorn Momiji

(Acer palmatum)

Nicht weniger wichtig als Gartenbaum ist der Ahorn Momiji, vor allem der
Fächerahorn *Acer palmatum*, von dem es an die zweihundert Gartenformen geben
soll. Besonders schön ist der Takao Momiji *Acer palmatum* Thunb., dessen Blätter
sich im Herbst besonders prächtig leuchtend rot färben und die zart spitzzackig,

Ahorn im Komyo-ji,
Kyoto.

Ahorn in deutscher
Baumschule,
Peselmann, Bad
Homburg.

aber nicht fiedrig sind. Fiedrig sind die
Blätter des Chirimen kaede (*Acer palmatum* Thunb. var. *dissectum*), die auch mit
schöner Herbstfärbung glänzen.

Der eigentliche japanische Name für
Ahorn ist Kaede. Die Schriftzeichen für
Momiji heißen nichts anderes als rote –
oder gelbe – Färbung der Blätter, das
heißt also Färbung des Herbstlaubes.
Irgendwann einmal begann man die
Schriftzeichen Rot und Blätter auf den
Ahorn, den *Acer palmatum* zu konzentrieren, obgleich sie ihre allgemeine Bedeutung auch noch nicht verloren haben.
Jedenfalls gehört der Herbstausflug zur
Betrachtung des rotgefärbten Ahorns zu
den großen Jahresfesten Japans – wie
das Kirschblütenfest im Frühling – und ist
in der japanischen Literatur hundertmal

beschrieben worden. Angefangen vom „Ise-monogatari", Kavaliersgeschichten aus dem 10. Jahrhundert bis in die moderne Romanliteratur, zum Beispiel von Tanizaki Junichiro in „Die Schwestern Makioka" (beides auf Deutsch zugänglich).

Es gibt Gegenden, die für ihren Ahornbestand berühmt sind, zum Beispiel am Jingoji-Tempel, nordwestlich in den Bergen von Kyoto, der parkartige Garten des

Tofukuji-Tempels und vor allem der große Park der kaiserlichen Villa Shugakuin in Kyoto. Er leuchtet im Herbst wie mit Purpur übergossen. Sieht man nur Fotos davon, glaubt man es nicht und hält es für übertrieben, aber die Farbe ist Realität, Jahr für Jahr.

Japaner lieben es seit alter Zeit Pflanzen zu züchten und umzuformen, auch den Ahorn *Acer palmatum*. Doch *Acer palmatum thunbergii* und *thunbergii dissectum* sind für unsere „Japanischen Gärten" die geeignetsten und schönsten Formen. In unserem Klima bleiben sie fast stets relativ klein und passen sich so gut ein. Am natürlichen Standort in Japan können sie zehn, zwanzig Meter hoch werden.

Lavendelheide, im Austrieb in deutscher Baumschule, Peselmann, Bad Homburg.

Lavendelheide Asebi

(Pieris japonica)

Die Lavendelheide Asebi ist eine sehr alte japanische Gartenpflanze, die aber auch noch wild anzutreffen ist, besonders in den Bergen. Schon in frühester Zeit hat man sich mit ihr auch lyrisch beschäftigt. Sie tritt bereits im Manyo-shu auf, der ältesten Gedichtsammlung Japans, kompiliert im 8. Jahrhundert. Die Lavendelheide hat aber auch eine ganz prosaische Eigenschaft, sie ist nämlich giftig. Wenn man ihre Blätter röstet, kann man sie als Insektizid verwenden; Pferdehalter sollten wissen, dass Blätter dieser Pflanze für Pferde, sollten sie sie fressen, besonders gefährlich sind.

Dies alles aber mindert nicht ihre ästhetischen Reize. Wenn die Lavendelheide blüht, und das tut sie meist schon im April, schmückt sie sich mit elfenbeinfarbigen, traubenförmig hängenden Glöckchen. Inzwischen gibt es Züchtungen mit roten oder rosa Blüten, aber die elfenbeinfarbenen sind einem Garten japanischen Stils doch angemessener. Einen zweiten Reiz bringen die Blätter ein, wenn sie sich beim Austrieb leicht rötlich färben, sie liefern damit dem Garten einen weiteren Akzent. Bei ihrem Einsatz im Garten muss man mit einkalkulieren, dass sich die Lavendelheide zu recht kompakten Büschen entwickeln kann.

Süßklee Hagi

(*Lespedeza thunbergii nakai* syn.
L. penduliflora nakai)

Warum Hagi bei uns Süßklee genannt wird, ist nicht ganz klar. Die englische Übersetzung des japanischen Namens ist „bush clover", also Buschklee – was

Lespendezia, Süßklee (Hagi), Hyakka-en, Tokyo.

angemessener erscheint. Jedenfalls rechnet man diesen Süßklee zu den Erbsengewächsen. Natürlich hat man auch vom Süßklee Hagi verschiedene Sorten gezüchtet. Für unsere Teichgärten im japanischen Stil ist *Lespedeza thunbergii* die geeignetste Sorte. Ihr Zusatzname *penduliflora nakai* zeigt schon an, dass es sich um eine hängende Form handelt. Es sind zarte Ruten, die sich im eleganten Bogen zur Erde neigen, die Rispen dicht besetzt mit rötlich-violetten oder elfenbeinfarbenen Blüten. Sie blühen meist im Frühherbst, etwa September. Bei aller Zartheit der Ruten kann der Süßklee mächtige Büsche bilden, die bis zu 1,50 m hoch werden.

In Kamakura, nicht weit von Tokyo und vor Jahrhunderten einst Sitz einer mächtigen Militärregierung, gibt es einen Tempel, ganz von Hagi-Ruten umsponnen. Da man in Japan nicht nur gerne das Herbstlaub und die Kirschblüten betrachtet, strömen auch zur Hagi-Blüte die Besucher herbei, um in diesem Tempel die Blüten zu bewundern. Als einzelner Hagi-Strauch kommt seine grazile Schönheit jedoch noch deutlicher zur Geltung. In einem kleinen Innengarten eines Tempels, irgendwo im Wald nahe bei Kyoto, steht ein einzelner Strauch dicht vor dem Umgang. Lässt man sich dort nieder, kann jede einzelne Blüte und die Textur seiner Zweige den frommen Beter und Blumenliebhaber erfreuen.

Kamelien, Öffentliche Anlagen, Tokyo, Shinjuku.

Kamelie Tsubaki, Sasanka

(Camellia japonica)

Die Kamelie gehört zu den schönsten und eindrucksvollsten Gewächsen Ostasiens. Im Laufe der Jahrhunderte hat man in China wie in Japan durch Züchtung außerordentliche Arten hervorgebracht. Gezüchtet hat man sie in Europa zwar auch schon lange, aber erst seit einigen Jahren ist hier die Züchtung von Freilandkamelien gelungen, doch besonderen Schutz brauchen sie noch immer.

Ein Kamelienbaum kann jetzt auch hier eine recht beachtliche Höhe von etwa zwei bis zweieinhalb Metern erreichen. Man stelle sich aber Kamelienbäume vier bis fünf Meter hoch vor, über und über mit roten Blüten bedeckt. Wenn ihre Zeit gekommen ist, segeln sie in voller Schönheit langsam zu Boden, fast unverwelkt, und bilden dort einen roten Teppich, von dem Baumbesitzer sorgfältig zu einem schönen Scheibenrund zusammengefegt.

Botanisch gehört die Kamelie zur Familie der Teestrauchgewächse Theacea und ist natürlich auf südliches Klima angewiesen. Die letzten europäischen Züchtungsergebnisse lassen jedoch hoffen. Um sie aber hier in Europa als Heckenpflanze verwenden zu können, wird es vielleicht noch eine Weile dauern. Schon im 18. Jahrhundert wurden Kamelien nach Europa eingeführt. Eines der ältesten Exemplare steht noch heute im Garten des Schlosses Pilnitz bei Dresden, sorgfältig gehütet in einem speziell nur für diesen Baum angefertigten Glashaus. Heutzutage ist ein Einzelbaum auch ohne Glaskasten, aber in geschützter Lage, wo im Sommer Halbschatten und im Winter eine gewisse Helligkeit herrscht, auch in Europa schon über den Winter zu bringen. Es empfiehlt sich im Winter den Wurzelbereich mit Erde und Laub abzudecken.

In Europa sind die gefüllten Sorten in Rot, Rosa oder rosaweiß marmoriert am beliebtesten. Jedoch am eindrucksvollsten ist die eigentliche Tsubaki, *Camellia japonica*. Die Blüten sind ungefüllt, tiefrot leuchtend mit kräftigen Blütenblättern und einem noch kräftiger wirkenden Bündel gelber Staubgefäße. Diese Blütenform wird in Japan sehr häufig als Dekorform verwendet. Sie ist neben den helleren, gefüllten Formen ein beliebtes Motiv für die Darstellung der vier Jahreszeiten, vor allem auf Wandschirmen.

Wenn man die Kamelie mit chinesischen Schriftzeichen schreiben will, schreibt man sie mit den Zeichen für „Bergtee", was ihre Verwandtschaft mit dem Teestrauch erkennen lässt.

Spezialisierte Baumschulen bieten auch bei uns eine Vielzahl von Sorten und unterschiedlichen Züchtungen an.

Sasanka *(Camellia sasanqua thunb.)*

Als eine Unterart der Kamelien kann man die Sasanka, *Camellia sasanqua thunb.* betrachten. Ihre allgemein weißliche Blüte ist viel weicher und leichter, so als würde sie ein wenig flattern. Im Gegensatz dazu kann sie einen ziemlich kräftigen Stamm entwickeln. Einer der schönsten Sasanka, es ist fast schon ein mächtiger Baum, steht im Shisendo-Tempel in Kyoto. Er lässt seinen Schatten auf weißem, geharktem Sand spielen. Als chinesische Schriftzeichen verwendet man hier die Zeichen für „Teepflaume".

**Kamelien-Hügel,
Chishaku-in.**

Azaleen Tsutsuji
(Azalea japonica)

Die Azaleen sind heute botanisch den Rhododendren zugeordnet. Hier wird die Bezeichnung Azaleen beibehalten. Außerdem findet man die großen Rhododendronbüsche in japanischen Gärten selten, höchstens in weitläufigen Parks, für die anderen Gartenformen erscheinen sie etwas zu üppig und aufdringlich bunt.

Wenn wir hier an japanische Azaleen denken, stellen wir uns meistens die relativ kleinblättrigen, dicht wachsenden Arten vor, zum Beispiel die *Rhododendron impeditum*. Sie werden *karikomi*-geschnitten zu ganzen Hügeln und Abhängen gestaltet, können aber auch kleinere runde, kugelige oder eckige Formen bilden.

Im Frühsommer gehen bei manchen Sorten alle Blüten gleichzeitig auf und strahlen dann in leuchtendem Rot. Andere wiederum, zumal wenn sie ganze Hügel und Abhänge bilden, blühen zu unterschiedlichen Zeiten, denn sie sind häufig aus verschiedenen Sorten zusammengesetzt. Das sieht dann aus wie „gestickt", ein Anblick von großem Charme, der auch dann noch erhalten bleibt, wenn die Azaleen abgeblüht sind, denn durch die Verschiedenheit der Sorten, sind auch die Blätter meist unterschiedlich gefärbt.

In die klassischen Gärten brachte man die Azaleen relativ spät ein, wahrscheinlich nicht vor dem 17. Jahrhundert. Aber als Blütenpflanze war die Azalee den Japanern schon lange bekannt und hat sie auch zu verschiedenen Züchtungen angeregt. Nach Europa kam die Azalee bereits Ende des 17. Jahrhunderts vor allem durch den deutschen Arzt und Naturforscher Engelbert Kaempfer, der 1690 – 1692 die Ostindische Kompanie nach Ostasien begleitet hatte. Die Azalee ist hier längst heimisch geworden und für uns in keiner Weise mehr exotisch. Sie können also in zweifacher Hinsicht hier problemlos in die Gestaltung eines Gartens japanischen Stils eingebracht werden. Sie sind typisch japanisch und doch uns allen bekannt. Darüber hinaus brauchen sie keine, über das Übliche hinausgehende Pflege.

Bambus Take
*(Fargesia sparthacea, Sinarundinaria
nitida, Phyllostachus aureasulata,
P. aurea pubescens)*

Schon die obige Aufzählung zeigt,
dass es vielerlei Arten gibt, die auch
in Europa eingesetzt werden können;
selbst wenn es sich hier nur um eine
Auswahl handelt. Unter europäischen
Gesichtspunkten könnte man Bambus
als Unkraut bezeichnen. Botanisch gesehen ist Bambus ein Gras, das sich
überall durchzusetzen versteht. Denn
Rhizome bilden ein hemmungslos wach-
sendes, dichtes Wurzelgeflecht, deshalb
sollte man, ehe man sich einen Bambus-
horst in den Garten setzt, überlegen, wie
man seine ungehemmte Ausdehnung
eindämmen kann. Am besten wäre es,
wenn man ihn an seinem Standort mit

einer Art Manschette umgibt. Zwar dehnen sich die Rhizome bei uns nicht so
schnell aus wie zum Beispiel in Japan, doch eine Vorsorge ist immer besser.
Die neuen Sprossen sprießen im Frühjahr aus dem Boden, manche fast armdick
und schießen ungeheuer schnell in die Höhe, so dass man fast zuschauen kann.
Auch bei uns erreichen sie mehrere Meter. Die Bambussprossen sind übrigens
ein in der asiatischen Küche beliebtes Gemüse.

Bambus, Innenhof-
garten, privat,
Kyoto.

Auch wenn er nur ein wucherndes Unkraut wäre, das keine andere Pflanze hoch-
kommen lässt – für die Osaka-Expo 1970 wählte man ein von Bambus durchwach-
senes Tal, da der Bambus keine andere Bearbeitung zuließ –, ist der Bambus eine
Pflanze von außerordentlicher Schönheit und Eleganz. Die lanzettförmigen Blätter
sitzen mit ganz dünnen Stängeln am Stamm, der eigentlich ein Halm ist. Schon ein
leichter Wind versetzt sie in Schwingungen und sie vollführen ein grafisches Licht-
und Schattenspiel. Seine frischen grünen Stämme glänzen weich und schimmern

gleich Samt. Fegt ein Sturm durch einen Bambushain, beugen sich die Stämme mit ihren Kronen aus Blätterbüscheln fast bis zur Erde, um sich gleich darauf wieder aufzurichten. Um dieser Eigenschaften willen liebt man den Bambus in Ostasien, sieht ihn als Symbol geistiger Kräfte und geistiger Tugenden. Denn erst unbeugsam, ist er doch nachgiebig, stark und doch anmutig, kräftig und doch elegant. Bambus verkörpert für Chinesen wie Japaner, beide vertraut mit konfuzianischer Sozialethik, den vorbildlichen Menschen, aufrichtig und geradlinig. Das ist auch einer der Gründe, warum der Bambus als Neujahrsschmuck dient. Außerdem ist Bambus ein sehr vielseitig verwendbares Material. Angefangen mit Körben und anderen Gefäßen, Möbeln, Bauteilen bis hin zu Baugerüsten wie man sie in China und gelegentlich auch noch in Japan findet. In zunehmendem Maße werden auch Essstäbchen aus Bambus gefertigt.

Oben:
Sasa-Bambusgras in deutscher Baumschule, Peselmann, Bad Homburg.

Unten:
Sasa-Bambusgras Kumazasa in deutscher Baumschule, Peselmann, Bad Homburg.

Die Bedeutung des Bambus in der ostasiatischen Kunst

Bei diesem Image ist es schon fast selbstverständlich, dass der Bambus auch in der ostasiatischen Kunst eine große Rolle spielt, und das nicht nur als Motiv, sondern auch als hohe Schule der Pinselführung, da an einer Bambusdarstellung die gesamte Tuschpinseltechnik, die ja eine Malerei ohne Vorzeichnung ist, studiert werden kann. So wird zum Beispiel die ellipsoide Form eines Bambusblattes durch wechselnden Druck des Pinsels mit einem Pinselzug gestaltet.

Augenblicklich ist es bei uns Mode geworden, Bambus in den Garten zu pflanzen, und er gedeiht auch recht gut. Doch muss man aufpassen, dass man die richtige winterharte Sorte findet. Frost und kalte Ostwinde verträgt kaum eine dieser Bambussorten, trotz aller Widerstandskraft. Hierüber kann die auf Bambus spezialisierte Baumschule, wenn man dort verstanden hat, in welchem Bereich der Garten angelegt werden soll, die richtige Auskunft geben. Doch ist anzuraten, sich in unseren Gärten japanischen Stils auf Bambus mit schmalen Stämmen zu beschränken.

Immergrüne Eiche Yokomegashi

(*Quercus glauca thunb*. var. *fasciata* Blume)

Für einen Teegarten ist es sehr wichtig, dass der Garten vor allem von immergrünen, schmalblättrigen Laubbäumen beherrscht wird, die keine oder nur sehr unauffällige Blüten aufweisen. Sie sollten sich darüber hinaus wie Buchsbaum, Azaleen und Liguster auch gut zum *karikomi*-Schneiden eignen. Dazu gehören einige Ilex-Arten wie *Ilex inetsuge* und *Ilex crenata*, vor allem aber die immergrüne Eiche Yokomegashi *(Quercus glauca),* die auch hier in manchen Baumschulen zu haben ist. Sie sind es, die, wenn sie als Bäume nicht zu hoch gewachsen sind, jene Atmosphäre der „einsamen Wildnis" am besten erzeugen können. Besonders geeignet ist die Gartenform von Arakashi *(Quercus glauca thunbergii* var. *fasciata* Blume).* Sie hat schmale, spitz zulaufende und stark gezahnte Blätter. Beim Kauf dieser kleinblättrigen immergrünen Gehölze ist es besonders wichtig, sich von einer Baumschule beraten zu lassen, welche Art für den örtlichen Boden und das örtliche Klima geeignet ist. Wenn *Quercus glauca thunbergii* nicht zu bekommen ist, kann man auch auf andere kleinblättrige, immergrüne Gehölze ausweichen.

Immergrüne Laubgehölze in deutschen Baumschulen, Peselmann, Bad Homburg.

**Moos-Gestaltungen,
Komyoin-Tempel,
Kyoto.**

Moos Koke
(Sagina)

In der allgemeinen Vorstellung gehört zwar Moos in einen japanischen Garten, aber so ganz eindeutig ist das nicht.

Bei vielen alten Gärten hat sich das Moos von selbst gebildet, auch im so genannten Moosgarten Koke-dera oder Saiho-ji. Die extrem hohe Luftfeuchtigkeit in Japan begünstigt das Wachsen des Mooses, wenn dann noch eine schattige Berghanglage dazu kommt, wie dies im Koke-dera, im Moos-Tempel, der Fall ist, wird das Moos das Jahr hindurch seine smaragdgrüne Schönheit zur Schau stellen. Doch auch in manchen Trockenlandschaftsgärten kann sich Moos durch den Kies oder Sand seinen Weg nach oben bahnen. Japaner aber lassen oft diesen natürlichen Entwicklungen ihren Lauf und binden sie schließlich in ihre formale Konzeption ein, setzen aber auch dem ungehemmten Wachstum Grenzen, indem sie der Moosfläche feste Konturen geben. Andere Gärten lassen deutlich erkennen, dass das Moos hier von vornherein eingeplant war. Das gilt besonders für moderne Gärten wo das Moos zu landschaftlichen Formen wie Hügeln, besonders im

Trockenlandschaftsgarten, wie zu „Landungen" geformt werden kann. Zwar muss man es auch in Japan pflegen und tüchtig wässern, eventuell auch braune Stellen beseitigen.

In Europa ist das alles nicht so einfach. Dort wird es, wehe wenn es sich im Rasen ausbreitet, als Unkraut angesehen. Doch in manchen Gärten möchte man doch gerne einige Moosflächen haben. Zunächst ist es nicht einfach zu bekommen. Man kann es sich wohl aus dem Wald holen, doch muss man den zuständigen Förster oder das Forstamt um Erlaubnis fragen. Baumschulen und Gärtnereien bieten in der Regel nur das Sternmoos Sagina an. Das entspricht natürlich nicht ganz dem Stil eines japanischen Gartens. Denn erstens blüht es mit kleinen weißen Blütchen und sieht dann wie gesprenkelt aus, zweitens bilden die einzelnen Ballen kleine Buckel – das sieht dann aus wie Hefebuchteln – und ergeben keine plane Fläche. Bemüht man sich jedoch, die einzelnen Ballen in der Höhe ganz gleichmäßig einzusetzen, kann man eine plane Fläche erzielen. Dazu muss man für jeden Ballen, je nach seiner Dicke, ein gesondertes Pflanzloch von unterschiedlicher Tiefe ausheben und die Pflanzen entsprechend andrücken, dass sie eine Ebene bilden, dann müssen sie zu einer planen Fläche zusammenwachsen. Häufiges Wässern ist trotzdem oberstes Gebot.

Heimische Exotik

Alle hier aufgeführten Gewächse, außer dem Moos, haben zwar ihre Urheimat in Ostasien, doch sind sie schon längst auch in unseren Landen heimisch geworden. Bereits vor Jahrhunderten wurden sie von europäischen Forschern und Reisenden aus Ostasien, besonders Japan mitgebracht. An dem botanischen Artnamen *japonica* ist das sehr deutlich zu erkennen. So ergibt sich die seltsame Situation, dass wir mit diesen Pflanzen eine japanische Atmosphäre erzeugen können, ohne dass sie uns fremd sein müsste. Das heißt also, dieses Gefühl des „Japanischen" wird nur wenig durch die verwendeten Pflanzen hervorgerufen, wenn wir einmal vom Bambus absehen. Das aber unterstreicht noch einmal, wie wichtig die formale Gestaltung ist, die ein Bild erzeugen soll, ein dreidimensionales Landschaftsbild, in dem die Pflanzen vorrangig Landschaftselemente darstellen.

Botanische Hinweise

Die für einen japanischen Garten benötigten Pflanzen, die in europäischen Baumschulen und Gärtnereien leicht zu bekommen sind:

Schwarzkiefer, *Pinus nigra*
WUCHS: ausladend
BODEN: anspruchslos
STANDORT: robust, überall

Ahorn, *Acer palmatum*
WUCHS: locker bis dicht, intensive Herbstfärbung (rot)
BODEN: nährstoff-, humusreich
STANDORT: geschützt

Kamelie, *Camellia japonica*
WUCHS: locker bis dicht; Blüten rot, rosa, weiß und rosa-weiß
BODEN: durchlässig, leicht sauer
STANDORT: feuchter Schatten, sehr geschützt; gut vor Wänden

Lavendelheide (Schattenglöckchen),
Pieris japonica
WUCHS: buschig, Blüten cremeweiß, rosa, hängende und aufrechte Formen
BODEN: viel Humus
STANDORT: Halbschatten

Hortensie, *Hydrangea*
WUCHS: Breite Blätter, sommergrün, gefüllte und flache Blüten

in Blau, Rosa oder Cremeweiß
BODEN: nährstoffreich, feucht
STANDORT: sonnig

Gefüllter japanischer Schneeball,
Viburnum plicatum
WUCHS: locker, Blüte weiß; violettbraunes Herbstlaub
BODEN: anspruchslos
STANDORT: sonnig

Bambus, *Sinarundinaria*
WUCHS: aufrecht, wintergrün

Phyllostachus nigra
WUCHS: sehr zierlich

Kumazasa, *Sasa veitchii*
WUCHS: bodendeckend, schneidbar
BODEN: locker, feucht sandig
STANDORT: Sonne bis Halbschatten, winterhart bei nicht zu kalten Wintern, benötigt Windschutz und Bodenabdeckung (Mulch) sowie kontinuierliche Wasserversorgung

Azaleen,
Rhododendron impeditum
WUCHS: kompakt flach, dicht, Blüten blau

Kissen-Rhododendron imp. Azurika
WUCHS: dicht-buschig, Azurblau

Flache Alpenrosen,
Rhododendron repens
WUCHS: etwas lockerer als

impeditum, blüht in verschiedenen Rottönen
BODEN: Moorbeet, Torf
STANDORT: Halbschatten bis Schatten

Buchsbaum,
Buxus s. arborescens
WUCHS: dichtbuschig, immergrün, gut schneidbar
BODEN: alkalisch
STANDORT: verträgt Schatten, robust

Liguster, *Ligustrum*
WUCHS: dichtbuschig, blüht weiß
BODEN: alkalisch
STANDORT: Sonne bis Halbschatten

Japanische Schwertlilie,
Iris kaempferii
WUCHS: in Gruppen, schwertförmige Blätter, blüht weiß, rosa, blau
BODEN: Sumpf, Bach- oder Teichrand
STANDORT: Sonne

Am besten zum Schneiden eignen sich

AZALEEN nach der Blüte. Da sie in Polstern wachsen, ist ein intensiver Formschnitt nicht immer nötig.
BUCHSBAUM am besten im August, verträgt strengen Formschnitt.
LIGUSTER, vor allem für umfriedende Hecken geeignet; schneiden zwischen Mai bis September möglich.

Schlussbemerkung

Wenn man nun glaubt aus all den Schilderungen entnehmen zu können, die
blühende Pflanze, die Pflanze als solche, als botanisches Phänomen, spiele in der
japanischen Kultur und damit auch im Garten überhaupt keine Rolle, so wäre das
eine Täuschung. Wie wir gesehen haben, hatte sie im höfischen Teichgarten wie
noch in den späteren Fürstengärten eine hervorragende Funktion, wenn sie auch
niemals der Ausgangspunkt für die Gartengestaltung war.

Außerdem ist die gesamte Natur, die Landschaft schon seit frühester Zeit ein
wichtiges Motiv in der japanischen Dichtung und Malerei. Gerade blühende
Pflanzen werden in der Malerei, besonders im Zusammenhang mit den vier
Jahreszeiten mit all ihren botanischen Merkmalen sehr genau dargestellt. Das
geschieht jedoch nicht in einem sich im Detail verlierenden Naturalismus, sondern
auf gewisse Weise in einer auf das Wesentliche konzentrierten Gestaltung.

**Kirschblüten im Park des
Heian-Schreins, Kyoto.**

So verhält es sich auch mit dem Japanischen Garten. Er ist eine auf das
Wesentliche konzentrierte Darstellung
der Natur, der Landschaft in einer
künstlerisch gestalteten Form und
keineswegs eine Miniaturisierung
der Motive – wenn dies bei schlechten
Beispielen auch mal vorkommen mag.

Hat man dieses verstanden, wird
es einem sicher gelingen einen kleinen
„Garten der Stille" mit gewisser japanischer Atmosphäre zu gestalten, in
den auch da und dort blühende Gewächse, sparsam und zurückhaltend,
einzubringen sind, um unseren europäischen Bedürfnissen entgegenzu-
kommen.

Anhang

Literatur

1 H. V. GLASENAPP: Die nicht-christlichen Religionen (Fischer-Lexikon), Frankfurt 1957, S. 89 f.

2 IRMTRAUD SCHAARSCHMIDT-RICHTER: Der japanische Garten. Ein Kunstwerk, Fribourg 1979, S. 74 f.

3 MURASAKI SHIKIBU, GENJI-MONO-GATARI: 11. Jahrhundert, Dt. Übersetzung von Oscar Benl, Die Geschichte vom Prinzen Genji, Zürich 1966, S. 695 f.

4 MANDALA, MYSTISCHE DIAGRAMME wie auch Darstellungen des buddhistischen Paradieses.

5 ZITIERT NACH TOMOYA MASUDA: Architektur der Welt – Japan, Fribourg 1969, S. 54.

6 SHINGON-SCHULE DES BUDDHISMUS, esoterische Richtung. Im 9. Jahrhundert gegründet von Kobo Daishi (774 – 835). Beruht auf den Mantras, geheime Wörter und mystische Silben.

7 Das Umwandeln von Palästen in Tempelanlagen wurde schon seit Jahrhunderten geübt.

8 ASHIKAGA YOSHIMITSU (1358 – 1408). Er nannte sich „König von Japan". Unter seiner Regierung blühten Kunst und Wissenschaft. Dies setzte sein Enkel Yoshi-masa (1463 – 1490) fort. Vor allem von ihm wurde eine noch heute berühmte, wenn auch nunmehr verstreute,

Kunstsammlung, die „Higashi-yama-Sammlung", hervorragender Werke chinesischer und japanischer Tuschmalerei angelegt.

9 HIDEYOSHIS Schlossbauten sind nur noch in Teilen erhalten, vor allem aus dem Schloss Jurakudai in Fushimi. Diese Hallen mit zum Teil geradezu monumentaler Malerei wurden an den Nishihonganji-Tempel geschenkt.

10 IRMTRAUD SCHAARSCHMIDT-RICHTER: Gartenkunst in Japan, München 1999, S. 96 ff.

11 Zum Teil angelegt auf Anordnung der Tokugawa-Regierung, s. a. Irmtraud Schaarschmidt-Richter: a.a.O. S. 128 f.

12 IRMTRAUD SCHAARSCHMIDT-RICHTER: a.a.O. S. 140 ff.

13 IRMTRAUD SCHAARSCHMIDT-RICHTER: a.a.O. S. 149 ff.

14 SHOIN: ein Erker mit Fenster, davor, ähnlich einer breiten Fensterbank, das Schreibpult.

15 IRMTRAUD SCHAARSCHMIDT-RICHTER: a.a.O. S. 158 f.

16 IRMTRAUD SCHAARSCHMIDT-RICHTER: a.a.O. S. 97 ff. Einige zehn Zentimeter hohe, oft mehrere zehn Meter lange Bilderrollen in Farbe oder in Tusche mit Darstellungen von Landschaften und Szenen in Parallelperspektive, so dass ein Raumkontinuum entstand.

17 IRMTRAUD SCHAARSCHMIDT-RICHTER a.a.O. S. 201.

18 IRMTRAUD SCHAARSCHMIDT-RICHTER: a.a.O. S. 204.

Ausgewählte Bibliografie

BÄRTELS, A.: Gartengehölze, Stuttgart 1981.

BÄRTELS, A.: Kostbarkeiten aus ostasiatischen Gärten, Stuttgart 1987.

DÄNHARDT, W.: Die japanischen Azaleen. Beiträge zur Gehölzkunde, Berlin 1981.

ENGEL, H.: Japanese Gardens of Today, Rutland, Vermont 1959.

FISCHER, P.: Kamelien, Celle 1986.

HAMMITZSCH, H., CHADO: Der Teeweg, München-Planegg 1958.

HISAMATSU, S.: Zen and Fine Arts, Tokyo 1971.

KAEMPFER, E.: Geschichte und Beschreibung von Japan. Aus den Originalhandschriften des Verfassers herausgegeben von C.W. Dohm. Unveränderter Neudruck des 1777 – 1779 in Lemgo erschienenen Originalwerks, Stuttgart 1964.

MORI, O.: Typical Japanese Gardens, Tokyo 1956.

MORI, O.: Kobori Enshu (mit engl. Zusammenfassung), Tokyo 1974.

NITZELIUS, TOR G.: Japan 1970 – Erfahrungen von einer gärtnerisch-botanischen Sammelreise und von Anpflanzungsversuchen mit japanischen Gehölzen in Westschweden, Rhododendron und immergrüne Laubgehölze, Jahrbuch 1972.

OHWI, J.: Flora of Japan. Edited by F.G. Meyer and E.H. Walker, Smithsonian Institution, Washington, D.C. 1984.

OOKA, M. AND O. MORI: Pageant of
 Japanese Art, Bd. 6, Tokyo 1954.
SCHAARSCHMIDT-RICHTER, I.: Japani-
 sche Gärten, Baden-Baden 1977.
SCHAARSCHMIDT-RICHTER, I.:
 „Gartenkunst" in:
 H. Hammitzsch (Hg), Japan-
 Handbuch, Wiesbaden 1979.
SCHAARSCHMIDT-RICHTER, I.: Der
 japanische Garten. Ein Kunst-
 werk, Fribourg/Würzburg 1979.
SCHAARSCHMIDT-RICHTER, I.: Garten-
 kunst in Japan, München 1999.
SCHOSER, G.: Kamelien – eine
 neue Mode?, Der Palmen-
 garten I, 15 – 19, Frankfurt 1981.
SECKEL, D.: Einführung in die
 Kunst Ostasiens, Stuttgart 1957.
SHIMOYAMA, S.: SAKUTEIKI – The
 Book of Garden, Kyoto 1976.
TAKAKUWA, G.: The Japanese
 Gardens, Kyoto 1962.
TAKAKUWA, G.: The Zen-Gardens,
 2 Bde., Kyoto 1962.
VERTREES, J. D.: Japanese Maples,
 Timber Press, Oregon 1978.
YOSHIDA, T.: Der japanische Garten,
 Tübingen 1957, Klassische
 Literatur in deutscher Überset-
 zung, die im Text erwähnt wird.
 Das Ise-monogatari, Kavaliers-
 geschichten aus dem alten
 Japan. (1o. Jahrhundert). Aus
 dem Original übertragen und
 kommentiert von S. Schaar-
 schmidt, Frankfurt am Main 1981.
GENJI-MONOGATARI: Die Ge-
 schichte vom Prinzen Genji.
 Altjapanischer Liebesroman aus
 dem 11. Jahrhundert, verfasst
 von der Hofdame Murasaki.
 Aus dem Original übersetzt von
 O. Benl, Zürich 1966.

Bezugsquellen

BAUMSCHULEN ALLGEMEIN

Bertrams
Krefelder Landstraße 50 – 52
47608 Geldern
Tel.: 02831 / 1290
Fax: 02831 / 12966

Hoemann Gartencenter GmbH
Alter Knipprather Weg 1
40764 Langenfeld
Tel.: 02173 / 97700
Fax: 02173 / 977155

Leo Peselmann-Merle
Bad Homburger Baumschulen
Tannenwaldallee 61
61348 Bad Homburg v. d. H.
Tel.: 06172 / 31716
Fax: 06172 / 303361

Wörlein GmbH
Baumschulenweg 9
86911 Dießen / Ammersee
Tel.: 08807 / 92100
Fax: 08807 / 6050

SPEZIALBAUMSCHULEN

Ahorn
Firma C. Esveld
Rijneveld 72
2771 XS Boskoop, Holland
Tel.: +31 (0)172213289
Fax: +31 (0)172215714

Bambus
Eberts Gartengestaltung,
Wolfgang Eberts KG
Saarstraße 3 – 5

76532 Baden-Baden
Tel.: 07221 / 5074-0
Fax: 07221 / 5074-80

Kamelien,
Winterharte Zwergazaleen
Ernst Risse,
Inh. Reinhild Hellenberg
01640 Coswig
Tel. / Fax: 03523 / 75293

Formhölzer
Baumschule Huben
Schrießheimer Fußweg 7
68526 Ladenburg
Tel.: 06203 / 92800
Fax: 06203 / 928

Großbaumverpflanzung,
Baumpflege, Formschneiden
Krahnstöver + Wolf GmbH
Göhrener Str. 3
04463 Grosspoesna
Tel.: 03429 / 77540
Fax: 03429 / 775426

Wassergärten
Kirchner Garten + Teich GmbH
Espenschleder Weg 1
65321 Heidenrod OT Dickscheid
Tel.: 06775 / 9292
Fax: 06775 / 9293

Steinlaternen, Wasser-
becken, Schrittsteine,
Steinbrücken, Wasserzulauf,
Bambuszaunelemente
Hans Günter Grimm Import
Schloßstraße 18
50169 Kerpen-Horrem
Tel.: 02273 / 1625
Fax: 02273 / 8924

Register